世界经典制服徽章艺术

（修订版）

唐 思（Reichsrommel） 谢 亮（孤单是永恒） 主编

中国长安出版社

图书在版编目（CIP）数据

号角：世界经典制服徽章艺术. 5 / 唐思，谢亮主编. -- 北京：中国长安出版社，2015.7
ISBN 978-7-5107-0943-2

Ⅰ.①号… Ⅱ.①唐…②谢… Ⅲ.①制服－介绍－世界②徽章－介绍－世界 Ⅳ.①E127

中国版本图书馆CIP数据核字(2015)第186334号

号角：世界经典制服徽章艺术 5（修订版）
唐思　谢亮　主编

策划制作：指文文化
出　　版：中国长安出版社
社　　址：北京市东城区北池子大街 14 号（100006）
网　　址：http://www.ccapress.com
邮　　箱：capress@163.com
发　　行：中国长安出版社
电　　话：（010）85099947，85099948
印　　刷：重庆大正印务有限公司
开　　本：787mm×1092mm　16 开
印　　张：18
字　　数：300 千字
版　　本：2018 年 7 月第 2 版　2018 年 7 月第 1 次印刷

书　　号：ISBN 978-7-5107-0943-2
定　　价：179.80 元

版权所有，翻版必究
如发现印装质量问题，请与承印厂联系退换

出版寄语

国防的点点滴滴，依靠的是人民的热爱与支持；军事文化的点点滴滴，依靠的是军迷的痴迷和奉献。惟愿《号角》越办越好，惟愿更多的人喜欢军事文化！

——刘猛，知名军事题材电视导演

《号角》是国内不多见的以勋赏文化为主题的独门文丛。以军服、勋章为切入点，深掘史实，精讲兵戎，勾连审美，旁通政制。一声号角，带起一曲战争艺术的交响。祝这一声号角给中国文化建设中还比较薄弱的军事文化声部，注入黄钟大吕般的雄浑与恢宏。

——朱克奇，深圳广播电台主持人，知名军事评论员

看过不少军事杂志，但被《号角》深深折服了，严谨的风格，华丽的包装，偏执考究的细节……在想，什么样的主编才会制作出如此作品呢。和主编交了朋友，为他对勋章制服的痴迷与挚爱所折服，真汉子不一定是豪言壮语、大碗喝酒，一本竭心的文字同样体现豪迈，想到了当年的自己。祝《号角》越走越远。

——刘子军，知名军事评论员

每个收藏品背后，都承载着一段历史，或者都有一个曾经真实的英雄，而军事徽章和制服的收藏，可以促使我们研究收藏品背后的故事，来尽可能地接近真实的历史。希望徽章和制服文化，能够更多地融入军迷的生活中。

——李晓健，"超级大本营"军事论坛主编

旗章服制之事并非低级趣味，一个民族的荣誉感和尚武精神均由此而滋生。军品收藏研究为军学入门佳径，愿《号角》激励引领军友奋勇前行！

——余戈，知名抗战史学者

西点军校的校训为"责任、荣誉、国家"，而这三个词组凝聚成形态，便是军人身着的军服以及佩戴的各种徽章。而对于这样的军服和徽章，迄今为止还没有一种中文丛书予以专门介绍，这不得不说是一个遗憾。不过，由指文文化出版的《号角》目前已经吹响，这便是专门对于这种军人的荣誉和纪录予以详尽介绍的一种同时富有知识性和趣味性的丛书。在该丛书恢复出版之际，谨在此致以本人由衷的祝愿，希望本书也能谱写下辉煌的荣誉。

——章骞，知名海军史学者

军事徽章和勋章是表彰军人战功的最佳载体，佩戴在军服上的每一枚勋章都是血与火凝结而成，作为一个老军迷，我也想探究每一枚勋章背后的故事，但受限于手头资料的缺乏以及对各国勋略制度的不了解，再加上网络时代以讹传讹的信息饱和，很难对各个国家的勋章有个综合全面的正确了解。不过翻开这本《号角：世界经典制服徽章艺术》，我有了豁然开朗的畅快感，全书从多个角度对世界各国军事徽章进行了详细的介绍，不管是军事徽章勋章知识的扫盲还是进阶，《号角》都是一本不错的工具读物。

——肖宁，《兵器》杂志编辑部主任

在淡出读者视野近6年之后，再次看到《号角》丛书的出版，实在是一件让人兴奋的事！自创刊以来《号角》丛书已经不只是各国军事制服勋章爱好者和军史爱好者相互沟通交流的园地，同时也是一本在国内军事圈里评价相当高的刊物。这次《号角》丛书的恢复，是对我们广大读者的回应，同时我们也希望这本刊物不仅是收藏爱好者们的自说自话，而是真正能成为大家相互之间互动交流的平台！

——刘杨，知名军事评论员、军事作家

军事制服和徽章，在西方历来被称作男人的饰品，它们是军事历史和文化的浓缩，也是勇敢和责任的彰显。如果愿意，你可以跳出这一个个金属和织物的本相，去从中领悟它们背后的深邃内涵。祝贺《号角》丛书成功发行！

——王亚男，《航空知识》杂志副主编

勋章、奖章、军服是历史、尤其是军事史研究中绝不可忽略的重要细节，《号角》丛书以此为专门研究和普及的内容，不仅在大陆上首开风气，而且学术性极强，编者、作者们的良苦用心和辛勤努力令人敬佩，谨在此祝贺丛书问世，希望保持风格和专业性，以嘉惠学林和普及军服、勋奖章文化。

——陈悦，知名海军史学家、海军史研究会会长

角鼓铮鸣，金戈铁马，勋标争辉，胄甲探奇，谈收藏鉴赏会友，品兴衰成败往事，祝新号角丛书旗开得胜，大行其道。

——朱步冲，《三联生活周刊》主笔

由号角团队厚积薄发倾心推出的新《号角》，真如鸣响的号角一般，再度拨动着军事爱好者的心弦。且不谈整部文集的制作精美，也不提篇篇佳作的条分缕析，光是著者们考证各种勋饰的精心和准确程度，就足以令人仰慕钦服。祝贺这部水准上乘的文集的问世，祝贺指文吹响了新号角！

——汪冰，知名军事作家，《帝国骑士》、《德国名将：曼陀菲尔传》作者

连夜看完手中的这本新《号角》，心中不由浮现出一个词——文心雕龙。相信《号角》的新生对于每一位军事爱好者都是一个福音。它不仅填补了国内在徽章与制服方面的研究空白，而且有力地促进了相关知识的普及。不飞则已，一飞冲天；不鸣则已，一鸣惊人。

——刘晓，《极客》杂志社副主编

军服和勋章是展示一支军队精神面貌和历史最好的方法，只有了解军服和勋章的历史，你才能真正了解这支部队！《号角》恰恰就给我们提供了这样一个平台！

——知名历史学家、中国圆明园学会学术专业委员会委员 刘阳

在我刚刚从事军事图书翻译时，就希望能看见这样一本书，既有可读性，又能为我这样的从业者提供某些参考和帮助。书中阐述的这些勋章，你可能听说过，也可能有些肤浅的了解，但对其来龙去脉及详细内情并不一定特别清楚；对我来说，掌握这些勋章的准确名称对日后的翻译工作不无裨益。

——小小冰人，著名军事图书翻译专家

合作伙伴

德国Hermann Historica拍卖行

德国Bene Merenti拍卖行

编委会名单：

主编：唐思 谢亮

活动策划：刚寒锋

编委：马宁宁 王晓宇 刘文 李旸 周彦成 孟中洋 徐津川 高雷

Christian Lehrer　Christopher Ailsby　Detlev Niemann

Gordon Williamson　Igor Moiseyev　Roger James Bender

Sascha Weber　Sascha Zimmermann　Neil Stewart

号角网（http://www.ihaojiao.com）

致谢

　　本书在编辑出版过程中，得到了国内外制服徽章收藏界众多朋友及机构的大力支持，在此表示由衷感谢。他们是（中文按姓氏笔画排列，外文按姓氏或机构名称字母顺序排列）：

个人：

于剑（北京）
马涛（海南海口）
马宇驰（浙江上虞）
马晓炯（上海）
王宁（北京）
王坤（德国锡根）
王栋（北京）
王雷（四川成都）
王彤昂（北京）
车暻（马达加斯加）
叶盛（江苏南京）
吕小洁（北京）
任钦亮（山东青岛）
朱惟伦（台湾台北）
朱与善（上海）
乔磊（北京）
向上（北京）
刘萌（北京）
刘方舟（北京）
刘有全（广东广州）
刘志斌（北京）
刘岩生（北京）
刘海鹏（北京）
许子彦（河北张家口）
祁斌（海南海口）
孙捷之（江苏南京）
杨思（北京）
杨卫国（广东广州）
杨亦楠（贵州贵阳）
杨健海（广东广州）
苏楠（河南郑州）
李伟（北京）
李岳（北京）
李骅（四川成都）
李楠（北京）
李文浩（辽宁沈阳）
李晓铭（山东青岛）
李雁翀（北京）
吴侃（上海）

吴焕（浙江金华）
吴建禹（福建福州）
宋宁（北京）
张昊（天津）
张萱（德国慕尼黑）
张勇（北京）
张锏（广东珠海）
张玮（上海）
张翔（四川成都）
张腾（广东广州）
张煜（陕西西安）
张浩维（英国伦敦）
张铠闻（上海）
陈晖（广东广州）
陈雅（北京）
林立（北京）
林庆安（台湾台北）
林建强（香港）
邹志诚（山东威海）
周光龙（云南德宏）
周牧原（北京）
周鑫钰（美国阿拉巴马）
郑山（北京）
经涛（江苏徐州）
孟飞岩（北京）
赵月（四川达州）
赵昊（上海）
胡晨（天津）
柯涛（北京）
查列（广东广州）
侯德林（陕西西安）
钟铁军（广东广州）
俞磊（四川成都）
姚华（浙江宁波）
袁龙飞（山东济宁）
贾川（四川成都）
贾磊（北京）
贾星焕（山东青岛）
夏永新（江苏镇江）

钱冬昊（安徽马鞍山）
郭卫（河北任丘）
杨雨桐（辽宁沈阳）
高笑（广东广州）
高翔（上海）
崔劲波（辽宁丹东）
章帆（浙江温州）
黄灏明（广州）
阎旭彤（北京）
程业恒（江苏南京）
鲁宁（河北石家庄）
谢雨昊（重庆）
强景明（江苏镇江）
解燊阳（广东广州）
谭一坤（新疆乌鲁木齐）
黎明（北京）
张忠钰（山西西安）
吴向民（浙江杭州）
金松（北京）
张义军（辽宁大连）
蒋伟亮（上海）
李航（新疆阿勒泰）
张劲雄（北京）
杨雨桐（辽宁沈阳）
Klaus Butschek（德国雷根斯堡）
Aivars Zvīdris（拉脱维亚尤尔马拉）
Angel Garbachkov（保加利亚索菲亚）
Alexander Grozdanov（保加利亚索菲亚）
Artan Lame（阿尔巴尼亚地拉那）
Craig Gottlieb（美国索拉纳滩）
Dmitry Shubin（俄罗斯叶卡捷琳堡）
Gobányi Gábor（匈牙利布达佩斯）
Jani Tiainen（芬兰坦佩雷）
Valeriy Aleksandrovich Durov（俄罗斯莫斯科）
Warren E. Sessler（美国加利福尼亚）
William A. Boik（美国弗吉尼亚）

机构：

Armádním muzeu Žižkov（捷克布拉格）
Auktionshaus Andreas Thies eK（德国纽尔廷根）
Auktionshaus Carsten Zeige（德国汉堡）
B&D Publishing LLC（美国密歇根）
Baldwin's（英国伦敦）
Bayerisches Armeemuseum（德国因戈尔斯塔特）
Berliner Auktionshaus für Geschichte（德国柏林）
Berliner Münzauktion（德国柏林）
Berliner Zinnfiguren & Preussisches Buecherkabinett（德国柏林）
British Library（英国伦敦）
Carsten Staegemeir UG（德国多特蒙德）
Deutsche Gesellschaft für Ordenskunde e.V.（德国罗特）
Dix Noonan Webb Ltd（英国伦敦）
Dothoreum（奥地利维也纳）
eMedals（加拿大博林顿）
Fellows（英国伦敦）
Fritz Rudolf Künker GmbH & Co. KG（德国奥斯纳布吕克）
Gentlemen's Military Interest Club（英国）
Hadtörténeti Intézet és Múzeum（匈牙利布达佩斯）
Heeresgeschichtliches Museum Wien（奥地利维也纳）
Helmut Weitze Militärische Antiquitäten（德国汉堡）
History Shop（德国塞沃托尔）
Imperial War Museums（英国伦敦）
Karl-Heinz Cortrie GmbH（德国汉堡）
La Galerie Numismatique（瑞士洛桑）
Leipziger Münzhandlung und Auktion Heidrun Höhn（德国莱比锡）
Liverpool Medals Limited（英国奥尔特灵厄姆）
Militärhistorisches Museum der Bundeswehr（德国德累斯顿）
Militaria-Agent（德国卡尔滕基兴）
Morton & Eden Ltd（英国伦敦）
Musée de l'Armée（法国巴黎）
Musée de la Légion d'Honneur（法国巴黎）
National Army Museum（英国伦敦）
Orders and Medals Society of America（美国）
Philipp Militaria（德国肖伦）
Royal Collection Trust（英国温莎）
Royal Maritime Museums（英国格林尼治）
San Giorgio Aste Srl（意大利热那亚）
Spink & Son（英国伦敦）
Stack's Bowers Galleries（美国加利福尼亚）
The New York Sale（美国纽约）
Verlag Militaria GmbH（奥地利维也纳）

CONTENTS
目录

前言

2　菊纹之祭：日本纪念章小考

34　嘉勇三军：德国陆军普通突击奖章鉴赏

70　神圣首勋：俄国第一圣徒安德烈勋章全史

144　汗铸金星：苏联劳动英雄和镰刀锤子金质奖章

182　烽火戎装：抗战中的国民革命军制服（陆军篇）

210　心向大海：民主德国人民海军制服徽章鉴赏

252　万国勋章汇（F）

前言
在历史中感受热血

当诸位捧着第五册《号角》细细阅读的时候，举国上下刚刚度过了抗战胜利七十周年的重要纪念日。七十年以来，国家日益强大，国民面貌日新月异，而对中国军事历史，尤其是抗战历史的研究也更为深入，对于抗战历史的认识也越来越客观。一个较为显著的现象就是越来越多的观众忍受不了个别制作低劣的抗战"神剧"，先不说大家对其中历史错误越来越犀利的批判，就说对其中错漏百出的制服徽章和武器装备也越来越无法忍受。

制服徽章文化本身就是历史的一个组成部分，我们研究制服徽章文化本身，也是在研究历史。很多朋友在对历史充满热情的同时，往往会忽略其中的细节部分，制服徽章就是历史的一个细节。制服徽章研究历来在中国不是显学，甚至连隐学都算不上。无论是社会大众还是学者专家，可能都认为制服徽章只是一种非常偏门的历史题材，鲜有学术价值，甚至有极端的人认为这只是一种层次较低的兴趣爱好而已，而制服徽章收藏更是有"玩物丧志"之嫌。但殊不知制服徽章文化在西方国家的历史研究中占有重要地位。举一个简单的例子，大家为何对西方战争电影津津乐道？除了剧情和表演等基本因素外，演员的着装和配饰很难找出问题，这就是因为他们对历史上制服徽章的研究已经非常深入，已经内化为人们的一种自觉，所以电影开拍前，道具师必须早早完成考据工作。而反观我们的影视剧制作，将内战时期的国军军官开领常服用在抗战时期、日军红色山形胸章处处皆是、各种勋奖章的佩戴毫无章法等等谬误不一而足。更可气的是，最近一部公布剧照的电视剧竟然将二战德军制服稍作改装，穿在了国军军官身上！

当然，这些问题不可能立即解决。本身中西方对军队的态度和认识就存在极大差别。西方军队从很早就实现了职业化，因此制服徽章也成为军队后勤的一个专门分类，并且不断发扬光大，以至于制服徽章学在西方一直都有很好的发展。而中国的军队历来都是集合下层民众的一个群体而已，所谓"铁打的营盘流水的兵"、"好男不当兵"等等观念深入人心，再加上民间对军事题材总是冠以"黩武"、"好斗"、"血腥"的印象，甚至羞于启齿，所以对于制服徽章这种更显边缘的历史门类，兴趣就无论如何也提不起来了。

但是，不能因为长期以来我们对制服徽章文化的不重视，就忽略其本身重要的历史意义。在之前几册《号角》中，大家应该能够感受到徽章制服文化的独特魅力，那些制服徽章不单单是纷繁复杂、精妙绝伦的，更能让我们透过它们去进一步读懂历史。在这个意义上，制服徽章是历史的一个载体，或者说，它们是历史的叙述者，通过它们，我们能够纠正认识上的错误，将历史完整地复原。

这么多年以来，无论大陆还是台湾，对抗日战争大小战役、武器装备、英雄先烈的研究可以说汗牛充栋，但对于抗战制服徽章的研究却非常少见。很多人并没有意识到，制服徽章恰恰是我们经历了七十年时间之后再度复兴抗战精神的一个重要切入点和突破口。台湾著名军事学者滕昕云先生曾说过："一部抗战史除了许多关键的重要历史人物外，根本就是成千上万的小人物在战场上面对死亡与伤痛，抗拒着战场上的恐惧，忍受煎熬、挨饿受冻，用人类最脆弱的力量去承担无法抗拒的大环境压力，所共同谱写出来的雄浑史诗，而军服、徽章、符号、个人武器、随身携行的装备等等，正是这些亲身参与的人和他们最贴近的个人物件，可以说是战士们最具体的代表与象征。不去了解这些基本的个人物件，我们将很难去体会这一份最人性、潜藏于内心深处的历史情怀和感觉；否则一部抗战史对我们而言，充其量不过是一段冷冷的文字叙述而已，我们将无法深沉地去体会其中的实质意义和蕴藏的丰富人性感动。"好在最近几年以来，我们观察到两岸对抗战时期的制服徽章都有了不同程度的涉猎，除了滕昕云先生2001年出版的《抗战时期陆军服制装备1931~1945》、中国第二历史档案馆2003年所编《民国军服图志》、汤桂霖先生2005年出版的《黄埔军服：国民革命军军服典藏鉴赏》外，国内各杂志也会经常出现一些专门文章，甚至在国外也出现了英文专著。

  所以说，研究抗战时期的制服装备，并不单纯地是对制服徽章这些物件的研究，其目的之一是使先人们流血牺牲的精神得以流传于后辈；而对整个制服徽章文化的热爱，也不单单是人性追求美好天性的使然，更是我们对历史的尊重和对人类美好未来的一种期盼。

唐思 谢亮
2015年8月于深圳 重庆

菊纹之祭

日本纪念章小考

日本の記念章

作者：侯德林[①]

[①] 侯德林，陕西西安人，现供职于中交第二公路工程局有限公司，热衷于外国勋赏收藏研究。

菊纹之祭：日本纪念章小考

纪念章，即当国家、地方公共团体、企业或其他团体中发生值得纪念的事情时，制作而成向有关人士散播、授予或赠送的徽章。纪念章文化内涵十分丰富，范围广泛，几乎涵盖了政治、军事、经济、历史、地理、科技、旅游、社会生活等各个方面。

日本作为东亚最现代化的国家，一直重视勋赏制度。《号角III》曾对日本的从军记章进行过深入介绍。除了勋章、记章等类别外，日本的纪念章也门类齐全、项目繁多。这类纪念章，主要以日本政府名义颁发，以国家活动的参与者和相关人士为对象，依据赏勋局主办的法令而发行。赏勋局根据法令所制定发行的纪念章总数为12种，但其中一项"支那事变纪念章"依据1946年（昭和二十一年）3月29日敕令第177号被废除，所以现在依然获得承认的只有11种。

一般日本勋赏章的排序为：勋章类如旭日章、瑞宝章、金鵄章等，按照勋功等级的顺序排列（颈授及以上级别除外）；奖章类如从军记章、纪念章

▲ 配有纪元二千六百年纪念章和昭和大礼纪念章的一套联排章。供图/Liverpool Medals Ltd.

▲ 配有大正大礼纪念章、战捷纪念章、昭和大礼纪念章和纪元二千六百年纪念章的一套联排章

3

世界经典制服徽章艺术

▲ 配有战捷纪念章和昭和大礼纪念章的一套联排章。供图/Collector's Guild Inc.

▲ 配有第一次国势调查纪念章和纪元二千六百年纪念章的一套联排章。供图/Collector's Guild Inc.

等，则按照时间顺序排列。纪念章在不同场合使用的形式也各不相同，但主要还是佩章式和略绶式两种。佩章式便是将纪念章同所获得的其他勋赏章按一定的顺序排列在奖章架上，一般在穿着礼服时或出席正式会议及典礼的情况下出现；略绶式便是以略章的方式排列出现在勋略版上，通常出现在穿着常服时或出席非正式会议时。

日本当局对纪念章的佩戴有很严格的要求，包括：

1. 纪念章只允许本人佩戴，如果本人过世，则可以让后代保留；

2. 如果本人日后犯法被判处重刑的话，其所得的纪念章将被褫夺；

3. 如果本人因为违法而被拘禁，则在拘禁期间不得佩戴纪念章。

由于纪念章的性质，使得纪念章的发行范围和授予对象受到很大的限制，一定程度上增加了收藏的难度。相比从军记章，纪念章造型优美，图案多选用风景、建筑、动植物及花草纹案，倒显出一丝安宁，增添了收藏乐趣。

大日本帝国宪法发布纪念章

随着日本明治维新的各项改革措施的推行，日本旧有的国家体制发生了根本性的变化。幕府制度被废止，以天皇为核心的近代官僚制度得到了确立。日本的政治体制从君主的象征性统治演变为以近代化的官僚机构为辅助工具的君主直接统治。这时的日本，为了废除不平等条约，与欧美列强建立平等外交关

▲ 日本政治家井上毅，《明治宪法》的起草者之一，曾任日本首相

系，需要一部近代的宪法。但在当时，除了欧美诸国之外，尚无一个实现立宪政治的国家。

1882年（明治十五年）3月，伊藤博文受命前往欧洲考察德国立宪主义的理论与实践发展。通过这次考察伊藤一行得出一个结论：宪法必须立足于本国的历史、传统、文化。如果一个国家需要制定宪法，

4 Militaria Collection Publication

▲关于《明治宪法》颁布的日本画

那么必须先学习这个国家的历史。因此,考察官员们一致认为德国的宪法体制最适合日本。次年伊藤一行回国,开始着手宪法草案的起草。1887年(明治二十年)5月宪法草案初稿初步完成。以该草案为基础,伊藤博文、井上毅、伊东巳代治、金子坚太郎等人聚集在位于夏岛的(神奈川县横须贺市)的伊藤别墅中,对其进行再次修改,形成了所谓的《夏岛草案》。此后,众人在《夏岛草案》的基础上再做修改,于1888年4月基本完成了定稿。随后不久,伊藤设置枢密院,并担任议长,对宪法草案进行了审议,审议过程持续到1889年1月方告终结。

1889年(明治二十二年)2月11日,《大日本帝

▲日本近代国家的奠基人之一伊藤博文

▲日本政治家伊东巳代治,《明治宪法》的起草者之一

▲ 位于夏岛伊藤故居外的"宪法草创之地"纪念碑，由金子坚太郎手书

国宪法》（即《明治宪法》）正式向全体国民公布。这部宪法，通过天皇向首相黑田清隆亲手递交的方式发布，即所谓"钦定宪法"。由此，日本成为东亚首个拥有近代宪法的立宪君主制国家。

大日本帝国宪法发布纪念章根据1889年（明治二十二年）8月2日敕令第103号《帝国宪法发布纪念章制定文件》（「帝国宪法発布記念章制定ノ件」）而制定。纪念章有金银两种材质，其中金质数量为18枚，银质数量为2251枚。章体为圆形，直径九分余（根据敕令数据，无实物测量），连接环为圆形，绶带宽3.8厘米（一寸二分）。此纪念章颁

▲《明治宪法》文本。收藏/日本宫内省

菊纹之祭：日本纪念章小考

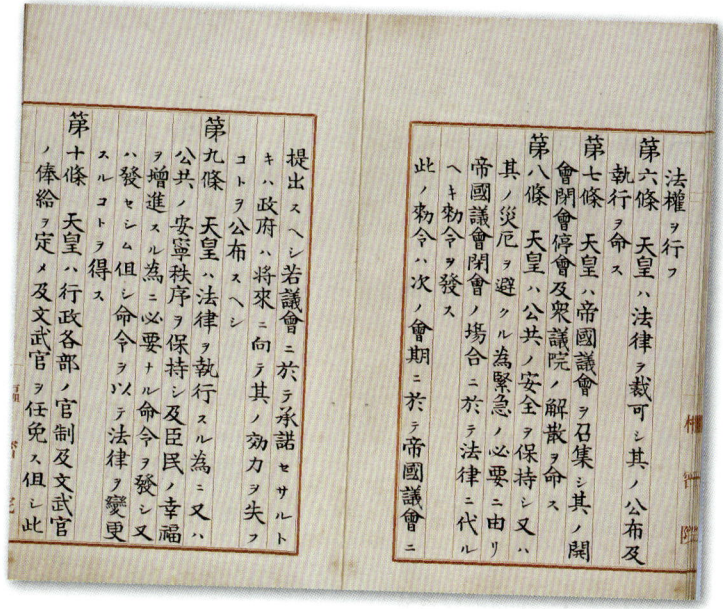

▲ 明治天皇的上谕。收藏/日本宫内省

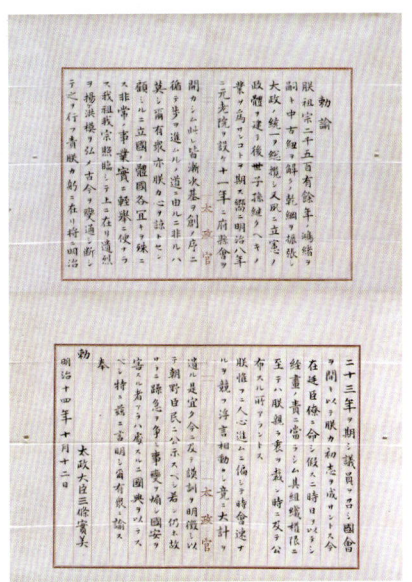

▲ 开设国会的敕谕

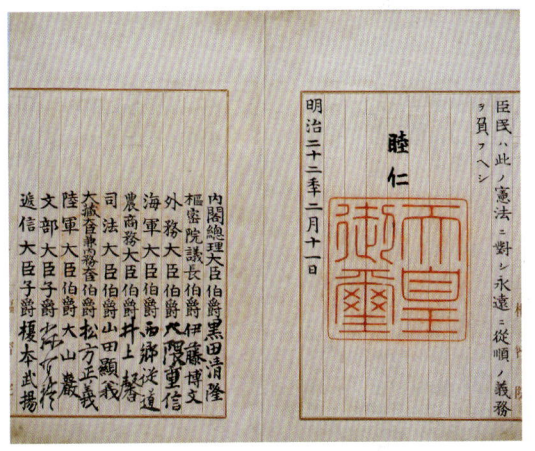

▲《明治宪法》上的天皇署名、玉玺及内阁大臣的副署名。收藏/日本宫内省

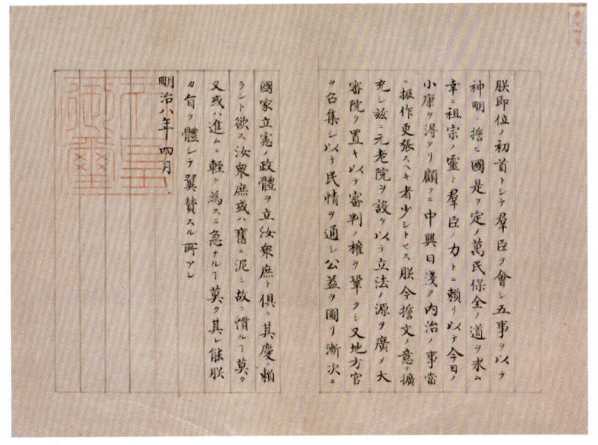

▲ 立宪政体诏书

发的对象是参与了宪法发布仪式的亲王以下判任官以上级别的人士。章体图案的设计者是江上源二郎（正面）和江上一太郎（背面），正面图案为菊纹（即"菊御纹"，也称"金菊御纹"、"十六瓣八重表菊纹"，是日本皇室家徽，在一定程度上代表日本国徽）、高御座（即日本天皇的龙椅，由圆形的宝盖亭与宝座组成）及大勋位菊花颈饰章，象征天皇权力至高无上，背面横写汉字"大日本帝国/宪法发布/纪念章"，环形排列汉字"明治二十二年二月十一日"。绶带样式与旭日桐花章一样为"红色-白色-红色-白色-红色"。

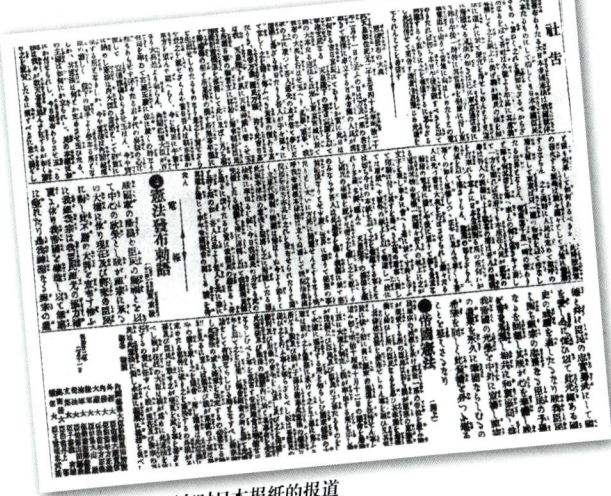

▲《明治宪法》颁布时日本报纸的报道

世界经典制服徽章艺术

▲ 反映明治天皇钦定宪法的日本画

▼▶ 非常稀少的银质大日本帝国宪法发布纪念章及保存盒

菊纹之祭：日本纪念章小考

▲ 时任日本首相的黑田清隆

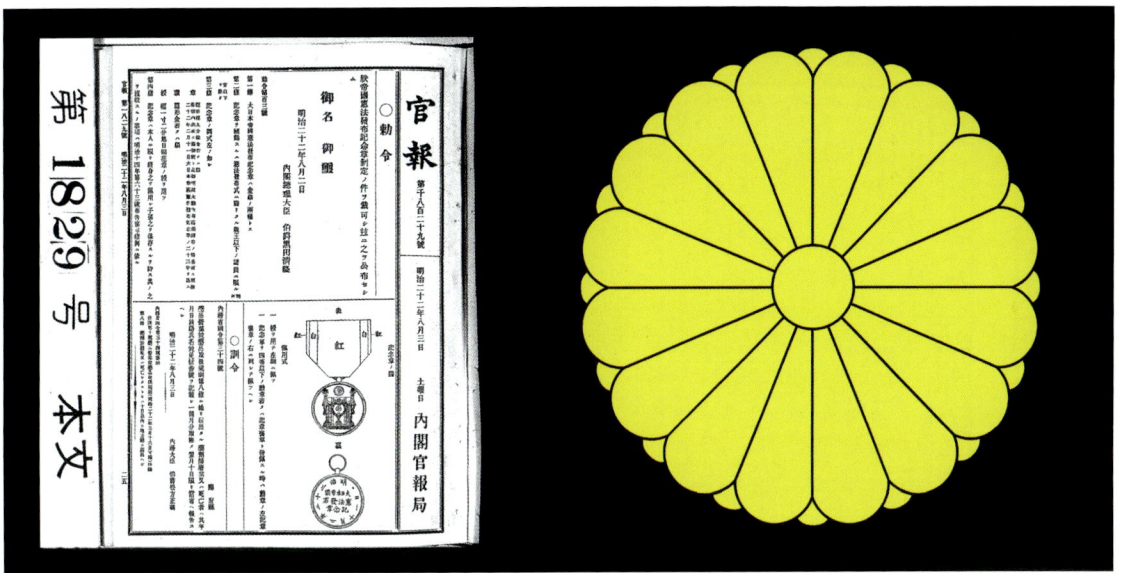

▲ 明治二十二年8月2日敕令第103号《帝国宪法发布纪念章制定文件》文本

▲ 日本皇室家徽菊纹

世界经典制服徽章艺术

大婚二十五年庆典纪念章

　　1894年（明治二十七年），是明治天皇和昭宪皇后结婚第二十五年。如今结婚二十五周年也叫作银婚，即使是普通人在银婚纪念日也会想尽办法搞个小活动，互相表示爱意，更何况是天皇和皇后。于是皇室举办了盛大的庆典活动，邀请众臣前来参加，共同见证天皇与皇后婚姻生活的幸福美满。有幸能参加庆典的人毕竟是少数，所以为了让更多的臣民都知道这次庆典，分享天皇的幸福，日本官方除了发行纪念章之外还别出心裁地设计发行了一款纪念邮票，这也是日本历史上首次发行纪念邮票。

　　大婚二十五年庆典纪念章根据1894年（明治二十七年）3月5日敕令第23号《大婚二十五年庆典纪念章制定文件》（「大婚二十五年祝典之章制定ノ件」）而制定。纪念章有金银两种材质，其中金质33枚，银质1301枚。章体为圆形，直径九分余（无实物测量），连接环为圆形。此纪念章颁发的对象是获得天皇和皇后的邀请从而进宫参加大婚二十五年庆典活动的人士。章体图案的设计者是隆雄池田，正面图案为菊纹、两只口衔松枝的鹤和交叉的藤花（松鹤既是吉祥的象征，也有松鹤延年的暗喻；藤花则是一种非常美丽具有观赏价值的花，是园林景观不可缺少的珍贵种类），背面横写汉字"大婚二十五年/祝典之章/大日本帝国/明治二十七年三月"。绶带样式为"红-黄-红"。此章还有一种专门颁发给女士的版本，其特征是绶带为蝴蝶结样式。

▲ 昭宪皇后的上色照片

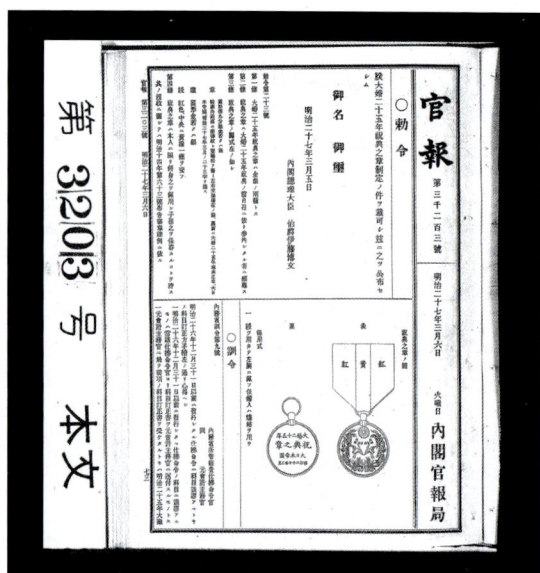

▲ 明治二十七年3月5日敕令第23号《大婚二十五年庆典纪念章制定文件》

▲ 大正天皇

10　Militaria Collection Publication

菊纹之祭：日本纪念章小考

皇太子渡韩纪念章

　　1907年（明治四十年即大韩帝国熙隆元年）10月16日，日本皇太子嘉仁（后来的大正天皇）访问大韩帝国（受历史和政治因素影响，此称谓不受其他老牌帝国主义国家认可，故以下以"韩国"相称）。韩国皇太子李垠亲自去泥岘嘉仁下榻的旅馆迎接，纯宗下诏热烈欢迎，诏书称："此次日本国皇太子之渡韩，即我韩历史所未有之盛举也。两国之积年疑阻，人民之多少憾情，一时冰释。诚心奉迎，欢声如雷，可见民心之大同矣。从此两皇室敦睦之谊，不待聘盟而加好；两国民亲密之情，不烦劝谕而益固。朕深感日本皇室之盛意，将以倾心结托，增民生之幸福，巩邦基之景命。维尔大小臣民，洞悉朕言之出于肺腑，期深信无贰，永远不变。"

▲ 大韩帝国皇帝纯宗李坧

◀ 韩国皇太子李垠，后成为日本陆军中将

　　这份诏书事实上是韩国皇室被吸收进日本皇室的先兆。嘉仁走后，日本的韩国统监伊藤博文就一直对纯宗和高宗软硬兼施，强迫他们将十岁的皇太子李垠送到日本留学，并说日本太子既然来了，韩国太子也该到日本去。11月19日，纯宗下诏将太子李垠送到日本留学，并封伊藤博文为太子太师，内阁总理大臣李完用为太子少师。此后伊藤博文在韩国的称呼变为"伊藤太师"。李垠被送走时，太皇帝高宗只能挥泪告别，而纯宗皇帝对此自然也是无可奈何。至此，韩国皇室被日本弄得七零八落，已经没有一点反抗的能力。

　　1910年（明治四十三年）6月14日，伊藤博文回到日本，复任

11

枢密院议长，曾祢荒助继任韩国统监，仍然对以纯宗为首的皇室进行严密监控。此时韩国政府已经完全被日本架空，在韩国各级政府中担任重要职务的日本人达2480人。同年10月26日，伊藤博文在中国哈尔滨火车站被韩国青年安重根刺杀。以安重根刺杀伊藤博文为契机，日本朝野大力鼓吹立即吞并韩国，韩国亲日组织一进会也掀起了"合邦请愿运动"，延续五百多年的朝鲜王朝终于走到尽头。

皇太子渡韩纪念章根据1909年（明治四十二年）3月27日敕令第42号《皇太子渡韩纪念章制定文件》（「皇太子渡韓記念章制定ノ件」）而制定。纪念章有金银两种材质。章体为圆形，直径3.05厘

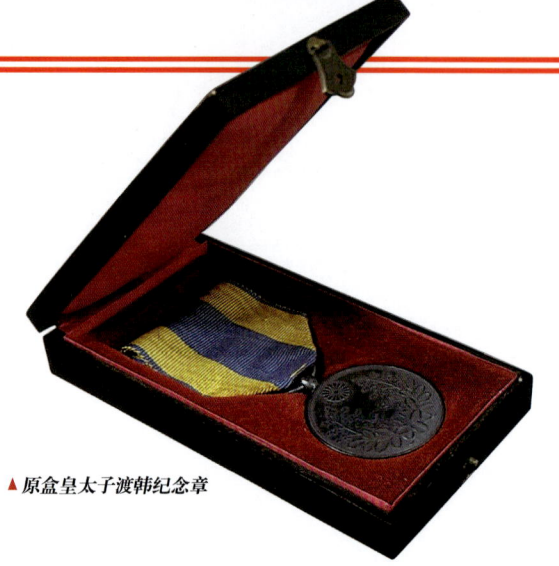

▲ 原盒皇太子渡韩纪念章

米（一寸），连接环为圆形，绶带宽3.8厘米（一寸二分）。此纪念章颁发的对象是与皇太子嘉仁亲王渡韩相关的日韩两国的皇族和奏任官以上级别的人士。章体正面图案为菊纹及交叉的檀树枝，背面上方弧形排列汉字"大日本国皇太子"，中间竖写汉字"渡韩纪念章"，下方弧形排列汉字"明治四十年十月"。绶带样式为"薄群青-黄-薄群青-黄-薄群青"。

韩国合并纪念章

1911年（明治四十四年），日本政府正式决定吞并韩国，并以寺内正毅为新任统监，专门负责此事。

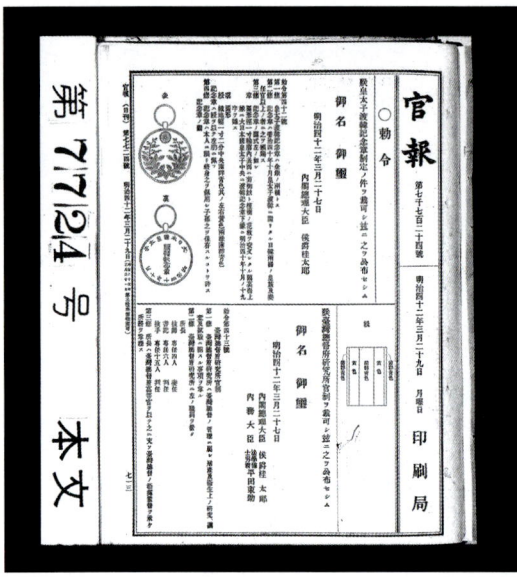

▲ 明治四十二年3月27日敕令第42号《皇太子渡韩纪念章制定文件》

▲ 皇太子渡韩纪念章正反面

▲ 实际操作日韩合并的寺内正毅，后成为第一任朝鲜总督

菊纹之祭：日本纪念章小考

7月23日，寺内正毅来到汉城。8月16日，寺内正毅向韩国总理李完用提出了合并的要求，李完用没有拒绝，只是提出不要更改韩国国号以及合并后封纯宗和高宗为贵族这两项意见。8月21日夜晚，李完用带领纯宗尹皇后的伯父尹德荣谒见纯宗，要求他同意日韩合并。这一切早在纯宗的预料之中，但他仍然唏嘘着不应允他们的要求，一旁的皇后也大哭起来。尹德荣恳请皇后停止哭泣，并威胁道："若是，则有赤族之祸！"纯宗不得已应允了李完用等的要求。李完用走后，纯宗夫妇再度掩面痛哭流涕。8月22日13时，纯宗皇帝在昌德宫的兴福轩举行大韩帝国最后一次御前会议。会议上众臣一致同意日韩合并，纯宗只好允许，并授予李完用全权委任状，由他代表韩国签订《日韩合并条约》。同日16时，李完用在统监府与寺内正毅签订《日韩合并条约》。朝鲜半岛自此沦为日本的殖民地。8月29日，纯宗皇帝下诏退位。

据说退位诏书颁布时还有一段小插曲，纯宗尹皇后在屏风后面听到李完用、尹德荣与纯宗商讨退位事宜，便出来阻止并把玉玺藏起来，后来玉玺还是被她的伯父尹德荣强行夺走。不过，虽然《让与诏书》上加盖了"敕命之宝"的玉玺，却并没有纯宗的签名。日本在这天公布了《日韩合并条约》，并将纯宗皇帝的《让与诏书》、明治天皇的《合并诏书》及寺内正毅颁布的一系列法令一齐粘贴在汉城的大街小巷。纯宗下诏说："朕以否德，承艰大之业，临御以

▲ 日韩合并的另一位首倡者李容九，至今其仍跟李完用等人一道被视为韩奸

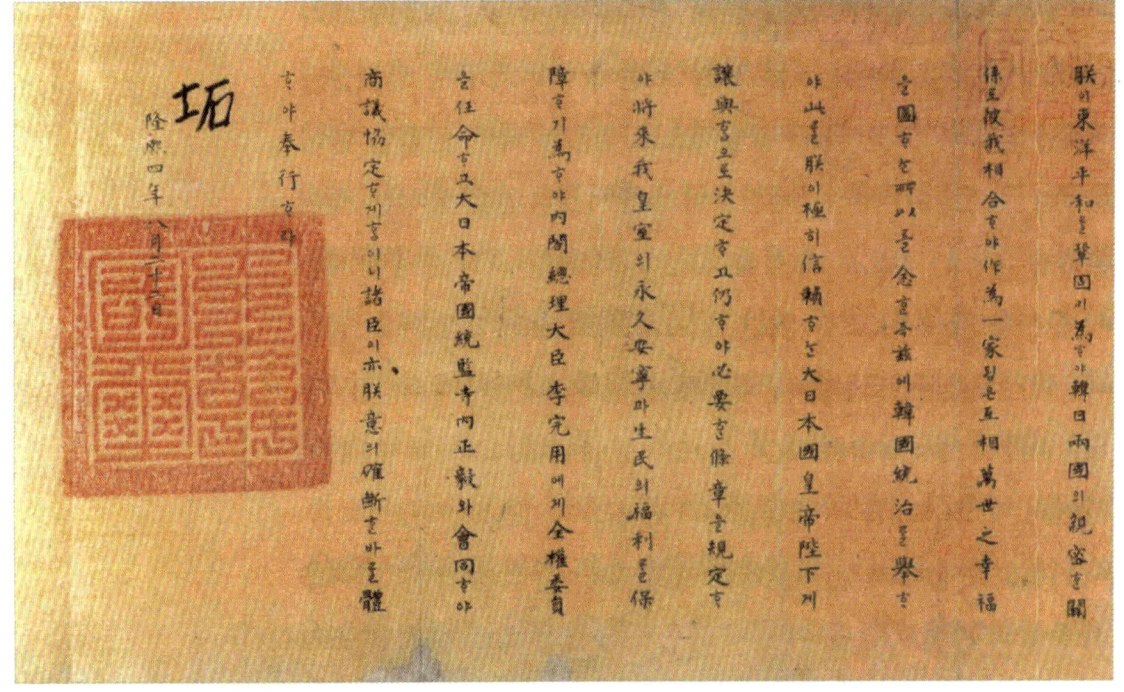

▲ 纯宗皇帝授给李完用的全权委任状

▲ 日本陆军大将黑木为桢与随从在汉城

▲ 位于汉城的朝鲜总督府

后至于今日，关于维新政令，亟图备试，用力未尝不至。由来积弱成痼，疲弊到于极处，无望时日间挽回之施措，中夜忧虑，善后之策茫然。任此而支离益甚，自抵不得收拾于终局，则无宁托大任于人，不如奏完全之方法，革新功效。故朕于是瞿然内省，廓然自断，兹以韩国之统治权，让与于从前亲信依仰之邻国——大日本皇帝陛下，外以巩固东洋之平和，内以保全八域之民生。惟以尔大小臣民，深察国势与时宜，勿为烦扰，各安其业，服从日本帝国文明之政，共受幸福。朕之今日此举，非忘尔有众，宣出于救活尔有众之至意。尔臣民等克体朕之此意。隆熙四年八月二十九日。"

《日韩合并条约》的主要内容包括：

1. 大韩帝国皇帝将朝鲜半岛全部的统治权让予大日本帝国；

2. 大日本帝国接受大韩帝国的要求将韩国并入大日本帝国；

3. 大日本帝国保障旧大韩帝国皇帝与皇族的尊严与权益及经济开销；

4. 大日本帝国可以对有功勋的朝鲜人赐爵赐勋；

5. 大日本帝国必须保护朝鲜人的生命与财产安全并增进其福祉；

6. 大日本帝国可以将对新制度认同、又具相当能力的朝鲜人用为帝国官吏。

至此，延续519年的朝鲜王朝暨14年的大韩帝国宣告灭亡，纯宗也成为朝鲜半岛历史上最后一位君主。朝鲜半岛成为大日本帝国领土的一部分，朝鲜总督府成为大日本帝国在朝鲜的统治机关。寺内正毅成为第一任朝鲜总督。韩国皇帝的一切统治权永久让予日本国天皇，大韩帝国正式灭亡。

韩国并合纪念章根据1912年（明治四十五年）3月28日勅令第56号《韩国合并纪念章制定文件》（「韓国併合記念章制定ノ件」）而制定。章体材

▲ 韩国合并纪念章

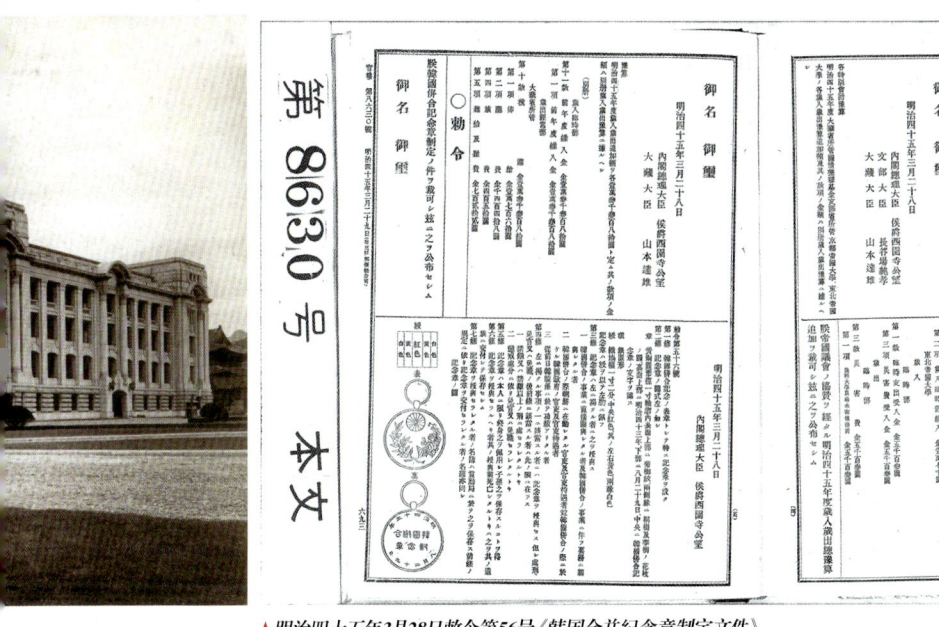

▲ 明治四十五年3月28日敕令第56号《韩国合并纪念章制定文件》

质为黄铜。章体为圆形，直径3.05厘米（一寸），连接环为银质圆形，绶带宽3.8厘米（一寸二分）。此纪念章颁发的对象有三类：一是直接参与日韩合并事件的人和在事件过程中承担要务的人；二是合并时在韩国工作的日本官员和享受官员待遇的公务人员，以及韩国政府的官员和享受官员待遇的公务人员；三是对日韩关系做出巨大贡献的人士。章体图案的设计者是佐藤磬，正面图案为菊纹、交叉的桐树枝和李树枝（桐树枝代表日本，李树枝代表李氏韩国，两种树枝交叉在一起表示日本和韩国结为一个整体），背面上方弧形排列汉字"明治四十三年"，横向排列汉字"韩国并合/纪念章"，下方弧形排列汉字"八月二十九日"。绶带样式为"白-黄-红-黄-白"。

大正大礼纪念章

1912年明治天皇过世，其长子即皇太子嘉仁继位，改年号为"大正"。1915年（大正四年），日本举办了传统而隆重的天皇登基大礼。

日本天皇即位礼仪主要分为四部分：即位式、大尝祭、仁王祭、八十岛祭。即位式就是天皇即位时，将每年一月一日都要举行的朝贺仪式扩大举行，类似于中国皇帝的登基大典。大尝祭是将每年十一月举行的新尝祭（秋天收获的节日），在天皇即位时扩大举行的神道教仪式。仁王祭是在天皇即位时盛大举行的佛教仪式，祈求能让天皇治世消灾，保佑天下平安。八十岛祭原本是在每年6月、12

▲ 大正大礼期间日本某城市的庆典景象

▲ 日本邮政发行的大正大礼纪念邮票

月最后一天举行的被称为"御赎物"的除灾求福的仪式，天皇即位时将此仪式盛大举行，以祈求天皇身体健康，延年益寿。四种仪式当中，日本人最重视的是象征天皇成为"现人神"的大尝祭，其次是即位式。新天皇在举行过这四种仪式后，便成为具备完全资格的天皇。

大礼完毕，大正天皇正式登基，开始了他多灾多难的治国生涯。

大正大礼纪念章根据1915年（大正四年）8月12日敕令第154号《大礼纪念章制定文件》（「大礼記念章制定ノ件」）而制定。章体材质为银质，形状为圆形，直径3.05厘米（一寸），连接环为银质弧形，绶带宽3.8厘米（一寸二分）。此纪念章颁发的对象

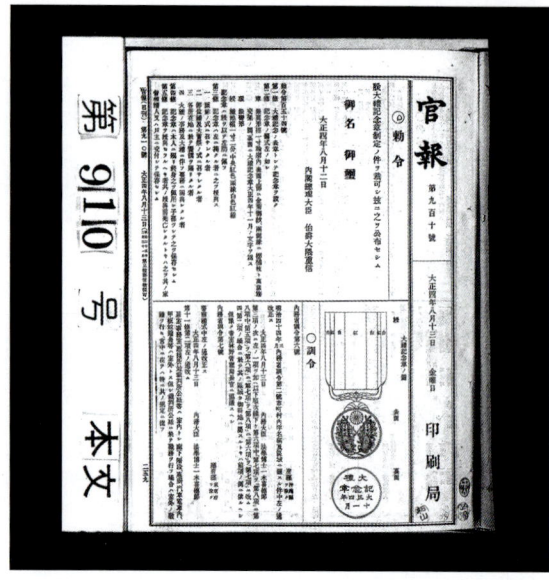

▲ 大正四年8月12日敕令第154号《大礼纪念章制定文件》

有四类：一是参与践祚仪式的人士；二是参加即位式和大尝祭的人士；三是各地被赏赐饮食的人士；四是参与典礼事务和负责与典礼相关工作的人士。章体图案的设计者是池田隆雄（正面）和佐藤磐（背面），正面图案为菊纹、两侧交叉的樱橘枝和万岁幡旗，背面横写汉字"大礼/纪念章/大正四年/十一月"。绶带样式为"白-红-白-红-白-红-白"。

此章是日本纪念章系列中第一枚制作时间早于事件发生时间的纪念章，也是唯一一枚采用银质弧型链接环的纪念章。

战捷纪念章

一战胜利奖章是一战胜利后，法国陆军元帅福煦提议由同盟国集团每一国各颁布一枚纪念奖章来纪念这次"保卫文明的世界大战"。各盟国一致同意颁发该奖章给有功的参战人员。奖章正面的主题都是具有本民族特质的"胜利"图案。有人认为日本战捷纪念章上的人像应该是日本的女神，其实这个观点是错误的，此章上的神像是日本武神武瓮槌，并非女神。武瓮槌也被称作"建御雷之男神"、"武瓮雷男神"、"建布都神"、"丰布都神"、"鹿岛神"等，是日本神话中的一位神祇，被奉为雷神、刀剑之神、弓术之神、武神和军神。

在第一次世界大战中日本的主要作战行动都是在中国山东和俄国西伯利亚地区，一个是攻占德占青岛，另一个是出兵西伯利亚打压俄国新生的苏维埃政权。除了我们知道的大陆作战之外，在第一次世界大战期间，日本舰队应盟国英国之邀，曾派舰队协助作

▲ 大正大礼纪念章原品

菊纹之祭：日本纪念章小考

战。开战不久，日本先派出"伊吹"号战列巡洋舰、"筑摩"号防护巡洋舰，后又派出"日进"号装甲巡洋舰，共同组成特别南遣支队，主要负责跟踪德国"埃姆登"号轻巡洋舰。后来专门组建第1、第2南遣支队，占领赤道以北德属南洋诸岛，进而负责保护南洋方向和澳大利亚航线等海上交通。1917年2月，德国宣布进行无限制潜艇战。应英国的请求，当月7日，日本编成第1、第2特务舰队，派往地中海、印度洋和南部非洲方向，负责保护协约国船队。4月又编成第3特务舰队，派往澳大利亚方向。在战争中日本舰队的活跃受到各方的赞扬和感谢。

战捷纪念章根据1920年（大正九年）9月16日敕令第406号《战捷纪念章制定命令》（「戦捷記章令」）而制定。章体材质为青铜，形状为圆形，直径3.8厘米（一寸二分），连接环为青铜圆形，绶带宽3.8厘米（一寸二分）。此纪念章颁发的对象是在1914（大正三年）8月23日到1920年（大正九年）1月9日之间在军队服役且在各场战役中功绩卓著的战斗成员。章体图案的设计者是畑正吉，正面图案为武瓮槌神像，背面图案为樱花及插着日本、亚米利加合众国（美国）、英帝国、佛兰西国（法

▲ 日本海军"伊吹"号战列巡洋舰

▲ 日本海军"筑摩"号防护巡洋舰

▲ 日本海军"日进"号装甲巡洋舰

▲ 战捷纪念章原品
▶ 战捷纪念章证书

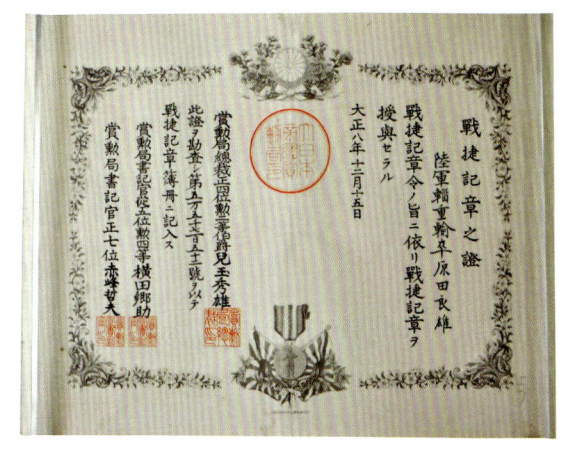

世界经典制服徽章艺术

▲ 原盒战捷纪念章

▲ 第一次国势调查某地调查员合影，这里的调查没有军人参与

▲ 大正九年9月16日敕令第406号《战捷纪念章制定命令》

▲ 贴有第一次国势调查纪念邮票的两枚邮资片

国）、伊太利国（意大利）国旗的地球图案，国旗对应汉字"日米英佛伊"，地球图案下方横写汉字"其他"，章体上方弧形排列汉字"文明拥护之大战"，左右弧形排列汉字"自大正三年至大正九年"，下方弧形排列汉字"同盟及联合国"。绶带样式为对称双彩虹带"白-紫-蓝-青-绿-黄-橙-赤-橙-黄-绿-青-蓝-紫-白"，象征勇气和牺牲，同时也表现了暴风骤雨出安宁的寓言。

第一次国势调查纪念章

　　国势调查也就是人口普查，最开始的目的主要是普查人口数量，因为古时候无论是交税还是出丁都是以人为根本，施行人头税的国家占绝大部分。日本原本预定在1905年（明治三十八年）实施全国首次国势调查，但因日俄战争爆发，调查中止。直到1920年（大正九年）第一次人口普查才正式启动，以后大体遵循每五年一次的惯例持续至今，并且以一次大规模调查一次简易调查交替。调查主要以人口数量和各种指标比例为主，属于基础的人口普查性质。但随着日本侵略脚步的加快，在殖民地或是占领区也一起进行的国势调查则有着深深的侵略烙印。

　　国势调查的过程会有官方操作手册进行指引，由调查员携带布告和笔记本进行走访调查。操作手册主要用于科普国势调查的意义和操作手法；布告是由进行调查的村子的村长向村民们传达的"上级精神"；笔记本则是调查员作记录用的，前面是油印的部分，主要是对调查员的培训内容，后面则是空白手

菊纹之祭：日本纪念章小考

▲ 第一次国势调查某地调查员合影，请注意有军人参与

写部分，最后是统计上来的人口数量。

通过国势调查，日本政府得以全面掌握国民信息，包括性别比例、年龄比例、城乡人口、民族分布等基础信息。除此之外，为确保战时和战后军需相关的人员和必需物资的配给统筹，也会实施调查，但这些不称为"国势调查"，而是人口及户口相关的人口普查。

第一次国势调查纪念章根据1921年（大正十年）6月16日敕令第272号《第一次国势调查纪念章制定文件》（「第一回国勢調査記念章制定ノ件」）而制定。章体材质为青铜，形状为圆形，直径3.05厘米（一寸），连接环为青铜圆形，绶带宽3.8厘米（一寸二分）。此纪念章颁发的对象有两类：一是直接参与第一次国势调查工作的人士；二是从事与第一次国

▲ 第一次国势调查纪念碑

19

势调查相关工作的人士。章体正面为菊花型轮廓，图案为手持户籍材料的大化年代的官员像；背面上方弧形排列汉字"大正九年"，横向排列汉字"国势调查/纪念章"，下方弧形排列汉字"十月一日"。绶带样式为"白-紫-白-紫-白"。

此章是日本唯一一枚由赏勋局颁制的国势调查纪念章（"朝鲜昭和五年国势调查纪念章"除外），

▲ 第一次国势调查纪念章保存盒　　▲ 原盒第一次国势调查纪念

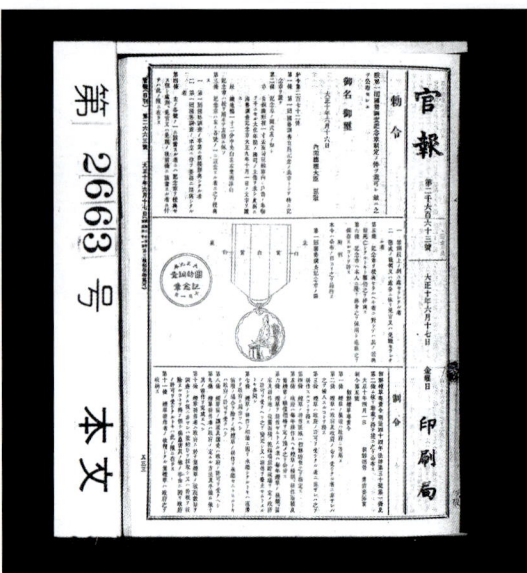

▲ 大正十年6月16日敕令第272号《第一次国势调查纪念章制定文件》文本

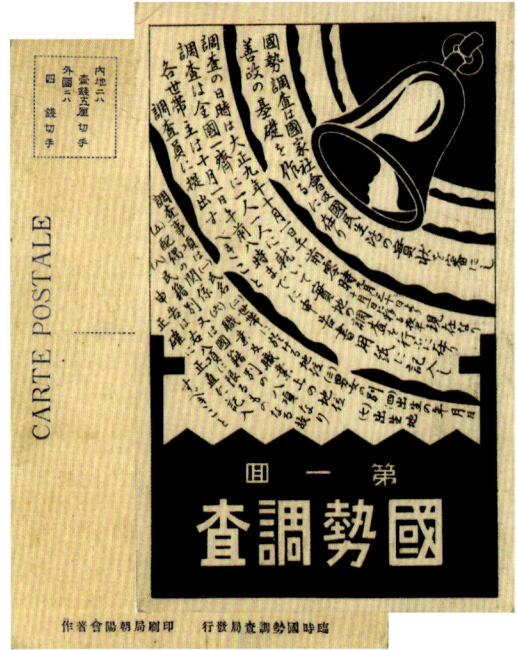

▲ 第一次国势调查宣传海报

此后每次国势调查都会颁发大量所谓的"国势调查纪念章"，但都属于纪念徽章性质，不在纪念章之列。

昭和大礼纪念章

1926年大正天皇过世，皇太子裕仁继位，改年号为"昭和"。1928年（昭和三年），裕仁天皇举行登基大礼。根据当时官报的记载大礼预算为1600万日元。

1928年11月6日清晨，在近卫骑兵警备队的护送下，裕仁与皇后久迩良子分乘六驾与四驾马车从皇宫前往东京站，他们的随行队伍浩浩荡荡，长达594米。象征日本国宝的八尺神镜被放置在"御羽车"中，随大队一起前进。从二重桥到银座大街，沿途的几十万臣民不断欢呼，发出"万岁"的呼喊。时任东京站站长的中村茂后来回忆说："这是我人生中最荣耀的时刻。"队伍到达东京站以后，全队改乘火车向京都进发。

11月7日火车到达京都站，车站前举行了盛大的庆典欢迎天皇及皇后移驾京都行宫。11月10日下午3点，伴随着礼炮的轰鸣，人群的欢呼，日本京都紫宸殿内，年仅27岁的裕仁缓步踏上面南而设的御座。在2236名王公贵族、观礼使节的鞠躬中，他以抑扬顿挫的声调，宣读了即位诏敕："……朕赖祖宗之威灵，敬承大统、恭奉神器，兹行即位之礼，昭告尔有

菊纹之祭：日本纪念章小考

▲ 皇太子时的裕仁

▲ 登基时的天皇裕仁

▶ 日本邮政发行的昭和大礼纪念邮票

▲ 昭和大礼纪念银杯

▲ 昭和三年10月1日大阪《朝日新闻》上发表的对即将在京都紫宸殿内举行的大礼现场的想象图

众……"

在这次大典上同时也下达了赦令，约3.3万人被释放。

12月2日，日本举行了盛大的阅兵式，参与检阅的官兵多达3万5千人，其中有将校8千人，一同接受检阅的还有当时日本最先进的飞机、坦克及野战炮等重型武器装备。

昭和天皇的统治开始了，后世这么评价他：裕仁，日本第124代天皇，昭和军阀集团的最高领袖。一个绑架日本国家而逃脱了审判的战犯；一个把自己打扮成和平天使的虚伪者；一个以海洋生物学者而闻名的科学家。以他的年号命名的昭和时代（1926~1945）充满了暗杀、血腥和暴力，以他的名义发动的侵华战争和太平洋战争导致了数千万无辜人民的死亡。

昭和大礼纪念章根据1928年（昭和三年）7月31日敕令第188号《大礼纪念章制定文件》（「大礼記念章制定ノ件」）而制定。章体材质为银质，形状为圆形，直径3.05厘米（一寸），连接环为银质圆形，绶带宽3.8厘米（一寸二分）。此纪念章颁发的对象有四类：一是参与践祚仪式的人士；二是参加即位式和大尝祭的人士；三是各地被赏赐饮食的人士；

▲ 昭和大礼时的裕仁天皇

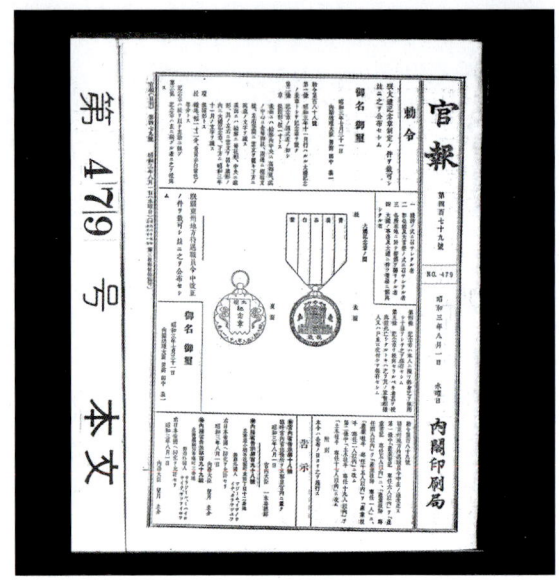

▲ 昭和三年7月31日敕令第188号《大礼纪念章制定文件》

▼ 昭和大礼纪念章正反面

菊纹之祭：日本纪念章小考

▲ 正在检阅军队的裕仁天皇。在他的统治下，亚洲和世界人民灾难深重

▲ 原盒昭和大礼纪念章

▲ 带有包装纸袋的原盒昭和大礼纪念章

世界经典制服徽章艺术

▲ 佩戴大正和昭和大礼纪念章的滨口雄幸,曾任首相

▲ 佩戴昭和大礼纪念章的一名日本军人

四是参与典礼事务和负责与典礼相关工作的人士。章体图案的设计者是畑正吉（正面）和山田甲子雄（背面），正面图案为菊纹、高御座、祥云，外圈环绕樱橘纹样及汉字"万岁"；背面为菊花型轮廓，内有祥云、旗子，旗子上方横写汉字"大礼"，竖写汉字"纪念章"，下方弧形排列汉字"昭和三年十一月"。绶带样式为"紫-白-赤-黄-青"。此章还有一种专门颁发给女士的版本，其特征是绶带为蝴蝶结样式。

▲ 女士版昭和大礼纪念章正反面

帝都复兴纪念章

　　1923年（大正十二年）9月1日11点58分，东京以南90公里处的相漠湾海底发生了一次8.3级大地震，随后地震引起的海啸袭击了日本关东平原地区。24小时后，关东平原地区又发生了一次强烈余震，在随后的一周里共发生几百次余震。灾难发生前，一阵闷雷般的巨响从地下传来，大地在一阵怒吼声中剧烈震颤。建筑物开始摇晃，大地裂开道道巨缝，人失去平衡。紧接着一幢幢房屋及其他建筑物开始倒塌，到处尘土飞扬。地震几秒钟后，惊恐万状的居民拼命往户外冲。顿时，东京城里大街小巷拥堵得水泄不通。由于地震发生时，许多人正好在家中做午饭，而当时的日本家庭通常都用炭为燃料，地震发生后，火红的炭渣撒在草垫上或地板上，飞溅在纸糊的墙上，不到几分钟，东京城里千家万户的住宅起火燃烧。更糟的是，东京城里的供水管道在地震中受到严重破坏，无法使用。转眼间，全城陷入一片火海。地震，以及由

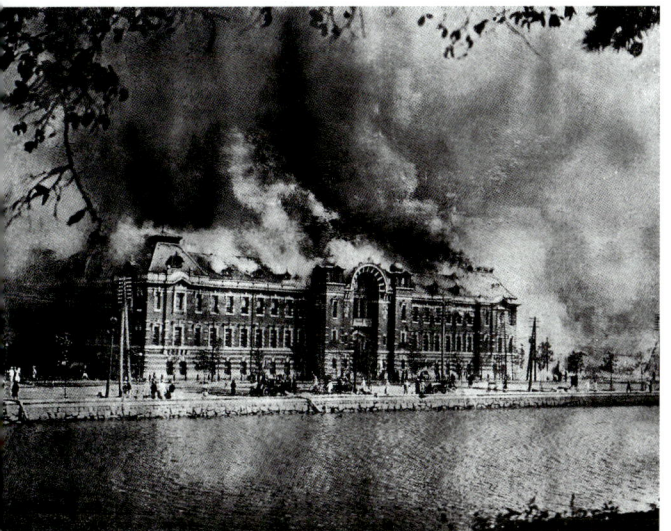

▲关东大地震后燃烧的东京警察局建筑物

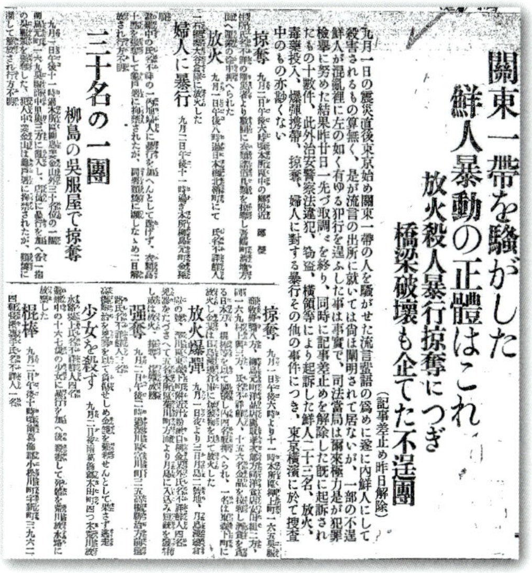

關東一帶を騒がした
鮮人暴動の正體はこれ
放火殺人暴行掠奪につぎ
橋梁破壊も企てた不逞團
（記事差止め昨日解除）

九月一日の震災直後東京始め關東一帶の人を騒がせた流言蜚語の爲めに逐に内鮮人にして殺害されるもの算無く、是が流言の出所に就いては尚ほ闡明されて居ないが、一部の不逞鮮人が混亂裡に左の如く有ゆる犯行を逞ふした事は事實で、司法當局は爾來極力是が犯罪檢擧に努めた結果昨廿日一先づ取調べを終り、同時に記事差止めを解除した既に起訴されたもの十數件、此外治安警察法違犯、物盜、横領等により起訴した鮮人二十三名、放火、毒藥投入、爆彈携帶、掠奪、婦人に對する暴行その他の事件につき、東京横濱に於て捜査中のもの亦尠くない

掠奪

放火

婦人に暴行

三十名の一團
柳島の呉服屋で掠奪

掠奪

放火爆彈

強奪

少女を殺す

棍棒

▲关东大地震后煽动对朝鲜人仇恨的日本报纸

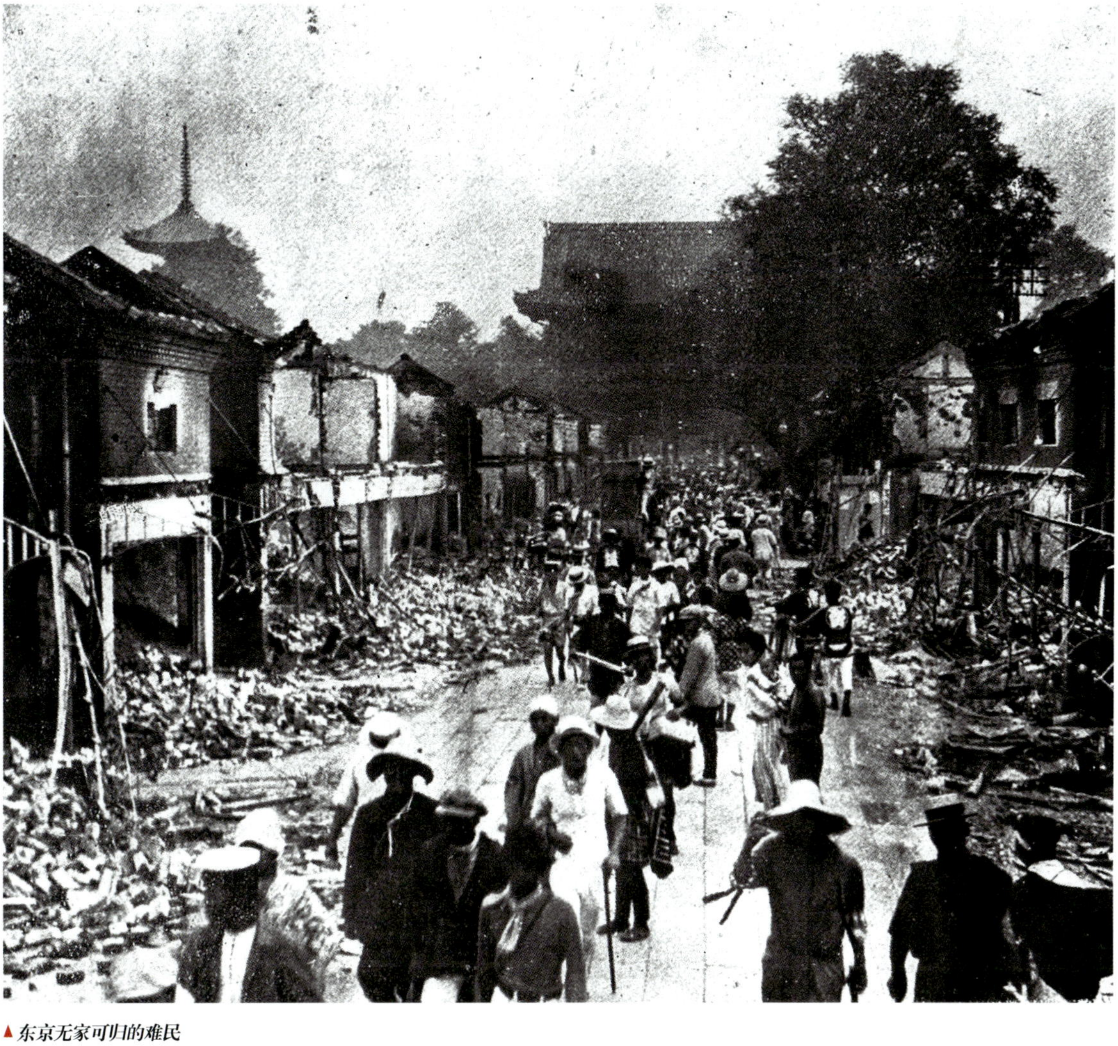

▲东京无家可归的难民

世界经典制服徽章艺术

▲ 关东大地震后美国芝加哥发起的赈灾活动

▲ 关东大地震后东京沦为一片焦土

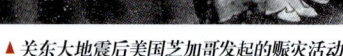

▼ 帝都复兴纪念章设计图

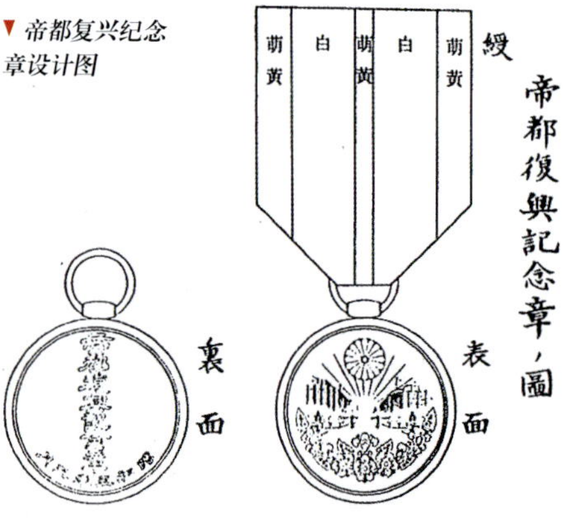

▲ 帝都复兴纪念章正反面

▲ 担任帝都复兴院总裁的后藤新平,他曾担任台湾的行政长官

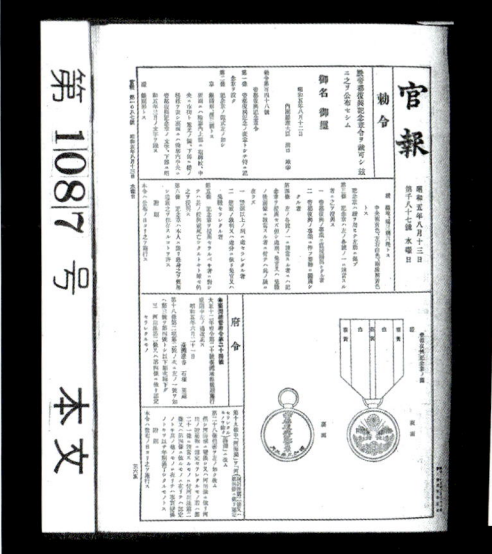

▲ 昭和五年8月12日敕令第148号《帝都复兴纪念章制定命令》

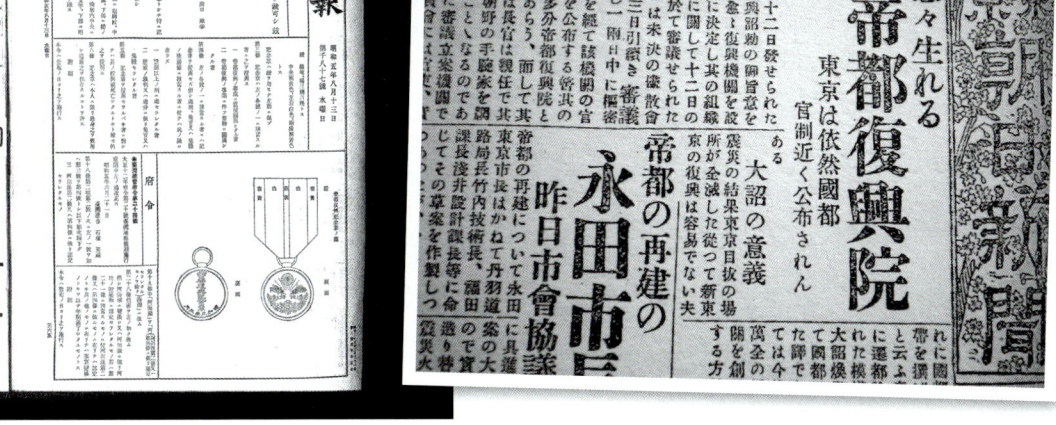

▲ 报道帝都复兴院建立的东京《朝日新闻》

地震引发的火灾、海啸给日本造成了巨大损失。东京、横滨在这场灾难中受害尤深,其次是横须贺和千叶。东京城内85%的房屋毁于一旦,横滨96%的房屋被夷为平地。日本共有25.3万所房屋毁于地震,44.7万所房屋被大火烧毁,被海啸卷走、冲毁的房屋也达到了868所。整个关东受灾地区,14.3万人丧生,20多万人负伤,财产损失高达300亿美元,无家可归的难民亦数以十万计。人口稠密的东京地区死亡人数最多,达到7.1万人,其中大火烧死5.6万多人,海啸吞没了1万多人,地震中房屋倒塌压死了3000多人。地震还导致霍乱流行,为此东京都政府曾下令戒严,禁止人们进入这座城市,防止瘟疫流行。同时,一些日

世界经典制服徽章艺术

本人宣称是因为中国人和朝鲜人供奉了邪神的原因才导致此次灾难的发生,并四处散播朝鲜人趁乱打劫放火的谣言,掀起民众的仇恨,日本政府借此机会大肆屠杀革命党人和侨居日本的中国人、朝鲜人。

关东大地震以后,日本组建帝都复兴院,专门负责救灾工作以及灾后重建工作。经过九年时间,在投入大量人力物力资源后终于完成了重建工作,东京地区恢复了地震之前充满生机与活力的繁荣景象。

帝都复兴纪念章根据1930年(昭和五年)8月12日敕令第148号《帝都复兴纪念章制定命令》(「帝都復興記念章令」)而制定。章体材质为银质,形状为圆形,直径3厘米,连接环为银质圆形,绶带宽3.6厘米。此纪念章颁发的对象有两类:一是直接参与帝都复兴建设工作的人士;二是从事与帝都复兴建设相关工作的人士。章体图案的设计者是畑正吉,正面图案为菊纹、日光、街市及樱花纹饰;背面竖写汉字"帝都复兴纪念章",下方弧形排列汉字"昭和五年三月"。绶带样式为"青-白-青-白-青"。

朝鲜昭和五年国势调查纪念章

1930年(昭和五年)日本进行了第三次国势调查,随着日本侵略脚步的加快,其在殖民地或是占领区也开始一起进行国势调查,其中在朝鲜地区进行的国势调查就是这种打下侵略烙印的调查的典范,正是通过调查,日本掌握了朝鲜地区的资源、人口、能源物资等信息,加深了对朝鲜地区的掌控,也为其日后侵略中国打下了基础。朝鲜2000多万的人口被日本当作是一大人力资源,1943年起日本开始向朝鲜征兵,

◀ 最后一任朝鲜总督阿部信行

菊纹之祭：日本纪念章小考

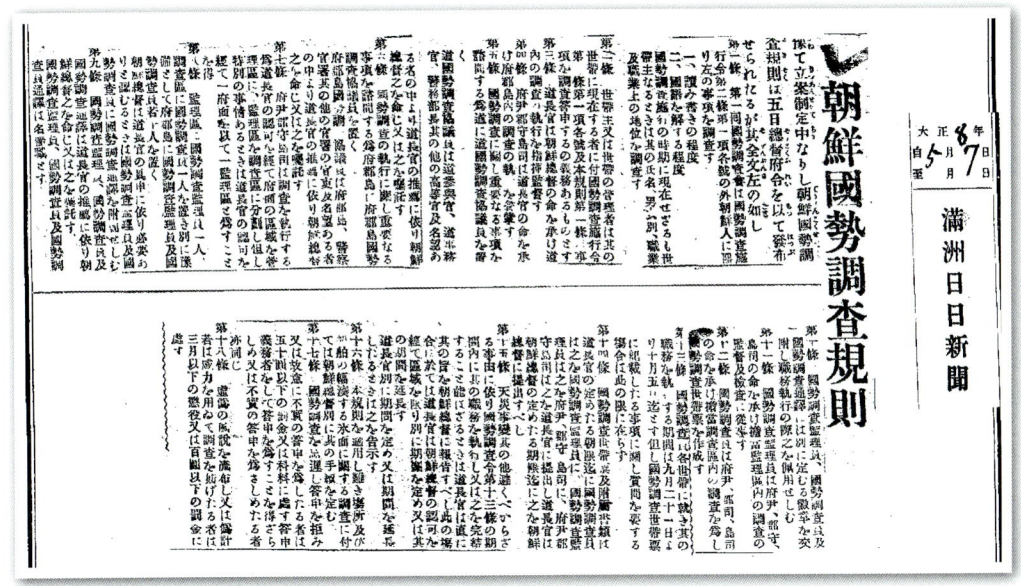

▲《满洲日日新闻》发表的朝鲜国势调查规则

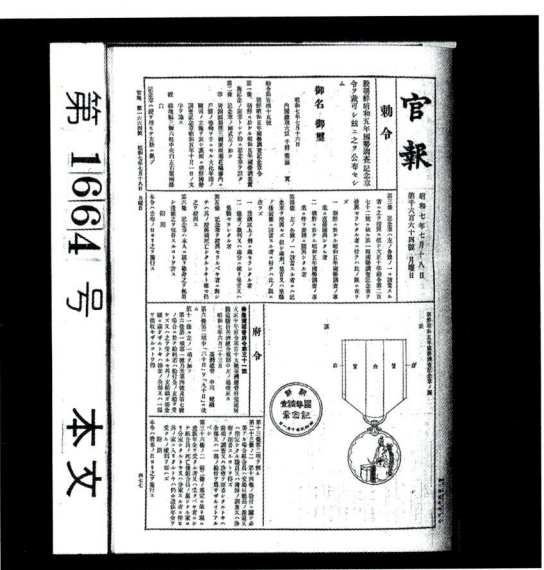

▲ 昭和七年7月16日敕令第145号《朝鲜昭和五年国势调查纪念章制定命令》

▲ 参加纪元二千六百年观舰式的日本海军舰艇

同时将许多朝鲜劳工派到日本及东南亚从事劳力工作，许多人至今仍然留在当地。日本还在朝鲜征调了大量慰安妇。直到1945年9月，最后的朝鲜总督阿部信行投降于美国占领军，朝鲜才彻底从日本殖民的枷锁中解脱出来。

朝鲜昭和五年国势调查纪念章根据1932年（昭和七年）7月16日敕令第145号《朝鲜昭和五年国势调查纪念章制定命令》（「朝鲜昭和五年国势调查记念章令」）而制定。章体材质为青铜，形状为圆形，直径3厘米，连接环为青铜圆形，绶带宽3.6厘米。此纪念章颁发的对象有两类：一是在朝鲜直接参与昭和五年国势调查工作的人士；二是在朝鲜从事与昭和五年国势调查相关工作的人士。章体图案设计者是宫久七，正面为菊花型轮廓，图案为手持户籍材料的大化年代的官员像；背面上方弧形排列汉字"朝鲜"，横向排列汉字"国势调查/纪念章"，下方弧形排列汉字"昭和五年十月一日"。绶带样式为"白-紫-白-紫-白"，此章绶带与第一次国势调查纪念章的绶带颜色一样，区别就是尺寸较小一点。

纪元二千六百年庆典纪念章

在日本人眼中，日本国是从神话时代开始的，据日本史书记载，天皇家族是天照大神之后，日本第一代天皇于公元前660年登基，是为神武天皇，他拥有神奇的力量并可以与众神交谈。昭和天皇于1940年（昭和十五年）2月21日举行"皇道纪元二千六百年大典"。由于1940年侵华战争进入僵持阶段，日本政

29

世界经典制服徽章艺术

▲ 神武天皇画像

▲ 《朝日新闻》报道的典礼新闻

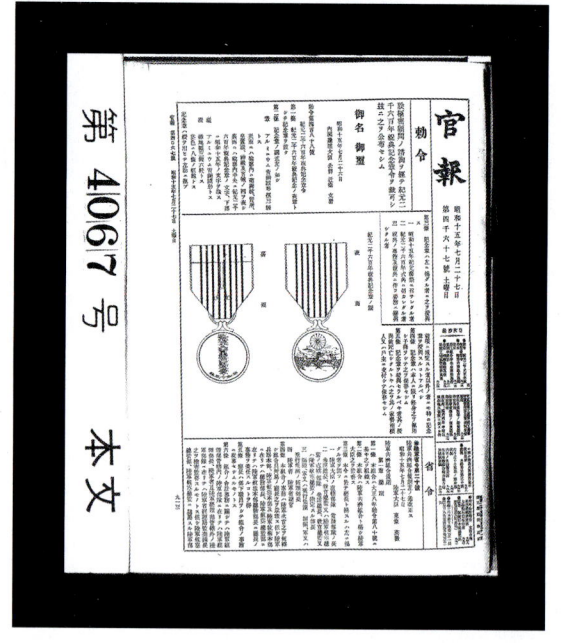

▲ 昭和十五年7月26日敕令第488号《纪元二千六百年庆典纪念章制定命令》

府为了掩盖其侵略中国的行径并炫耀所谓"武威"以鼓舞国民士气而大肆操办了这一典礼。史料记载,当年的2月11日举行了纪元祭祀,其后11月10日又举行了纪元二千六百年的祭祀,企图通过举办庆典的方式,掩盖因其侵略中国的行径遭到国际社会抵制,从而被迫放弃举办1940年第十二届奥运会在国内产生的不良影响。

纪元二千六百年庆典纪念章根据1940年(昭和十五年)7月26日敕令第488号《纪元二千六百年庆典纪念章制定命令》(「紀元二千六百年祝典記念章令」)而制定。根据造币局数据此章发行数量约20万枚。章体材质为青铜,形状为圆形,直径3厘米,连接环为青铜圆形,绶带宽3.6厘米。此纪念章颁发的对象有三类:一是参加昭和十五年纪元祭祀的人士;二是参加纪元二千六百年庆典的人士;三是负责庆典事务及庆典相关工作的人士。章体图案的设计者是畑正吉,正面图案为菊纹、贤所、皇灵殿、神殿及宫城;背面竖写汉字"纪元二千六百年祝典纪念章",下方弧形排列汉字"昭和十五年"。绶带样式为"淡紫-红-淡紫-红-淡紫-红-淡紫-红-淡紫-红-淡紫-红-淡紫-红-淡紫-红-淡紫"。此章还有一种专门颁发给女士的版本,其特征是绶带为蝴蝶结样式。

菊纹之祭：日本纪念章小考

▲ 配有纪元二千六百年庆典纪念章的一套联排章。供图/Liverpool Medals Ltd.

纪元二千六百年庆典歌曲

原歌词：	中文翻译：
金鵄（きんし）輝く日本の	金乌辉耀之日本
栄（はえ）有る光身に受けて	荣光蒙身知几度
今こそ祝へ此（こ）の朝（あした）	今朝吾人皆恭祝
紀元は二千六百年	纪元二千六百年
嗚呼（ああ）一億の胸は鳴る	呜呼一亿心鸣响
歓喜溢るゝ此の土を	满怀欢喜此国土
確（しっか）と我等踏み締めて	亲手缔造惟我辈
遙かに仰ぐ大御言（おほみこと）	遥望俯仰聆玉音
紀元は二千六百年	纪元二千六百年
嗚呼肇国（てうこく）の雲青し	呜呼肇国之云青
荒（すさ）ぶ世界に唯（たゞ）一つ	广袤世界中独一
揺がぬ御代（みよ）に生（おひ）立ちし	皇统万世自维系
感謝は清き火と燃えて	感恩之情如火燃
紀元は二千六百年	纪元二千六百年
嗚呼報国の血は勇む	呜呼报国之血涌
潮（うしほ）豊（ゆた）けき海原に	浪潮澎湃之海滨
櫻と富士の影織りて	樱花富士影交错
世紀の文化また新（あらた）	世纪文明正日新
紀元は二千六百年	纪元二千六百年
嗚呼燦爛（さんらん）のこの国威	呜呼灿烂我国威
正義凛（りん）たる旗の下（もと）	正义凛然之旗下
明朗亜細亜（アジア）打ち建てん	再建明朗亚细亚
力と意気を示せ今	宣示意气之今日
紀元は二千六百年	纪元二千六百年
嗚呼弥栄（いやさか）の日は升る	呜呼皇威如日升

▲纪元二千六百年庆典纪念章盒子

▲纪元二千六百年庆典纪念章正反面

菊纹之祭：日本纪念章小考

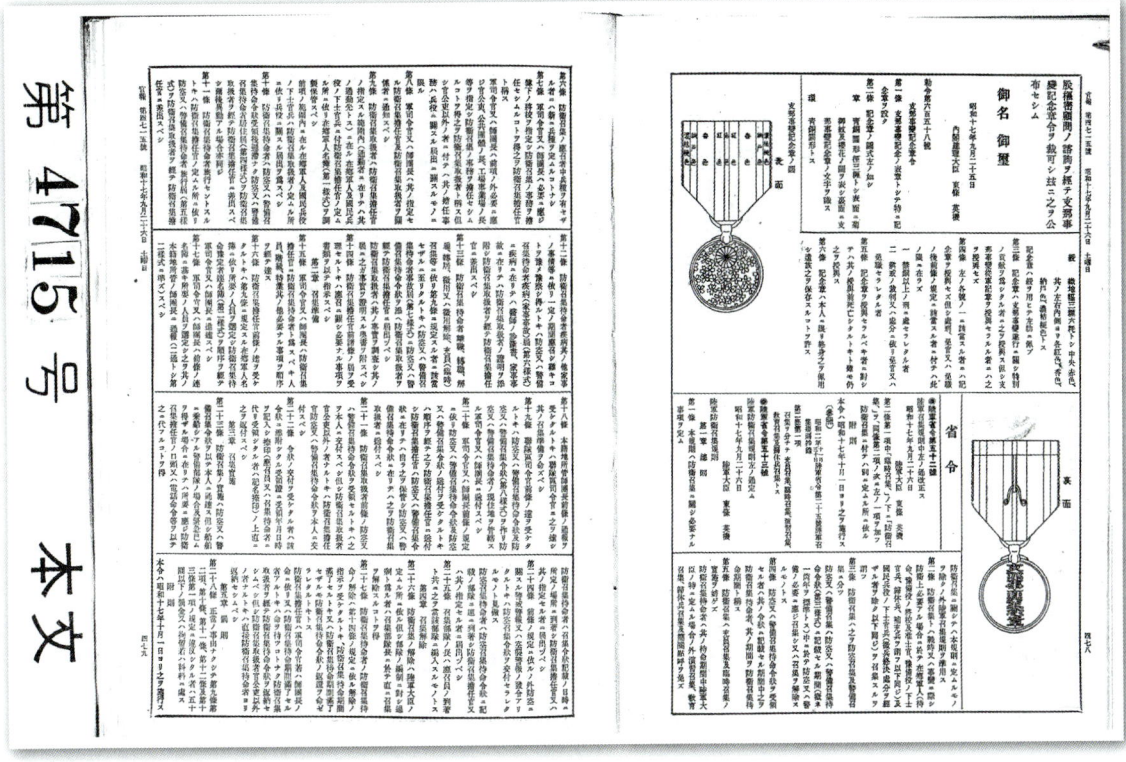

▲ 昭和十七年9月25日敕令第658号《支那事变纪念章制作命令》

▲ 非常罕见的支那事变纪念章实物

支那事变纪念章

支那事变纪念章根据1942年（昭和十七年）9月25日敕令第658号《支那事变纪念章制作命令》（「支那事变纪念章令」）而制定。章体材质为青铜，形状为圆形，直径3厘米，连接环为青铜圆形，绶带宽3.6厘米。此纪念章颁发的对象是在支那事变期间有突出贡献但是没有获得支那事变从军记章的人士。章体图案的设计者是加藤正巳，正面图案为菊纹及樱花图案，背面竖写汉字"支那事变纪念章"。绶带样式与支那事变从军记章一样。

根据1946年（昭和二十一年）3月29日敕令177号，此章同支那事变从军记章和大东亚战争从军记章一起被废止。

33

嘉勇三军

德国陆军普通突击奖章鉴赏

作者：谢亮

随着步兵突击奖章和坦克突击奖章在1939年12月20日设立，二战德国陆军历史上前所未有的战斗奖章的全新领域由此开启。二战开始后的几场战役使德国最高统帅部意识到需要设立另外一种战斗奖章，授予那些参加了战斗却没有资格获得步兵突击奖章和坦克突击奖章的老兵们。1940年6月1日，也就是铜级步兵突击奖章和铜级坦克突击奖章设立的当日，德国陆军上将瓦尔特·冯·布劳希奇（Walther von Brauchitsch）下令设立了普通突击奖章（Allgemeines Sturmabzeichen），以表彰那些做出过战斗功绩的官兵们。最初普通突击奖章的授予对象是工兵，因此它最初叫做工兵突击奖章（Pionier-Sturmabzeichen）。普通突击奖章的获得者很快就包括了突击炮、装甲猎兵部队成员，甚至在战斗中扮演步兵和装甲兵辅助角色的反坦克部队和高炮部队成员，而参与了战斗的医疗部队、跨兵部队和通信部队成员同样可以获得普通突击奖章。

嘉勇三军：德国陆军普通突击奖章鉴赏

普通突击奖章的授予标准与步兵突击奖章类似。士兵必须手持武器战斗在前线，且在三天内参加了三次步兵和装甲作战而不够资格获得其他战斗奖章的，将被授予普通突击奖章。炮兵和装甲猎兵要获得普通突击奖章必须在战斗中表现积极或为突破敌军防线做出了突出贡献。

▲ 此时尚为陆军上将的布劳希奇，后晋升为陆军元帅

▲ 普通突击奖章的前身工兵突击奖章样品，极其罕见
供图/Helmut Weitze

▲ 一名刚刚被美军俘虏的德军上尉，仍然佩戴着他的勋章，包括普通突击奖章

35

世界经典制服徽章艺术

▲ 佩戴普通突击奖章的一名海军军官

▲ 陆军少将奥托·弗雷特-皮科（Otto Fretter-Pico）佩戴着普通突击奖章（1941年9月30日获得）

▲ 佩戴普通突击奖章的一名空军士兵

战争开始后的第一年，普通突击奖章的授予标准进行了修改。普通突击奖章还可以授予受陆军指挥的空军和海军的地面部队成员，比如纳尔维克战役就是一个例子。受陆军指挥的武装党卫军和警察部队成员以及"俄罗斯解放军"都有可能获得普通突击章。需要注意的是，在1942年3月9日单兵击毁坦克臂章设立前，普通突击奖章也可授予使用单兵武器击毁8辆及以上坦克的人员。

依据规则，普通突击奖章佩戴在制服的左胸袋上。如果该位置只有普通突击奖章，佩戴在胸袋中间。如果胸袋上有一级铁十字勋章之类的勋章，普通突击奖章的位置必须低于它们，但位置可以由获得者自行决定。

普通突击奖章的授予方必须是获得者的直接上级，其级别至少应该是独立作战单位的营级指挥官。当申请者累计了相应级别的作战次数后，一份正式的申请文件将被提出并上报给部队的指挥官。一旦作战次数被确认，申请者将获得

▲ 佩戴普通突击奖章的一名军士长

嘉勇三军：德国陆军普通突击奖章鉴赏

▲ 一件佩戴有普通突击奖章的陆军常服，可以看到该奖章的佩戴位置。供图/Hermann Historica

相应级别的普通突击奖章和正式的授予文件。从确认到正式获得勋章的时间长短主要取决于前线的战况和补给情况。

◀ 佩戴普通突击奖章的一名党卫队突击队小队领袖

▶ 佩戴普通突击奖章的一名帝国劳工组织成员

37

普通突击奖章的授励文件在白色的信纸上打印，作为授励记录保存和登记，并有一份证明文件交付给获得者。

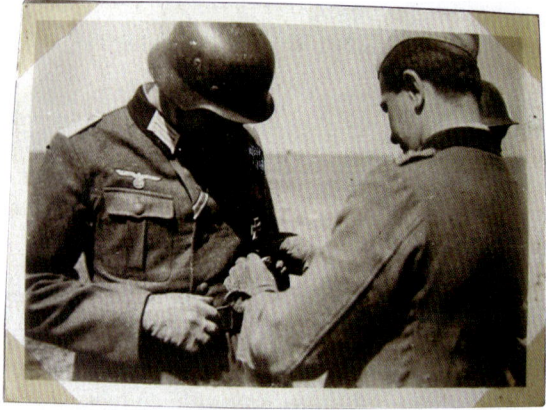

▲ 一名陆军少尉获得普通突击奖章的授励现场
◀ 普通突击奖章的授励现场

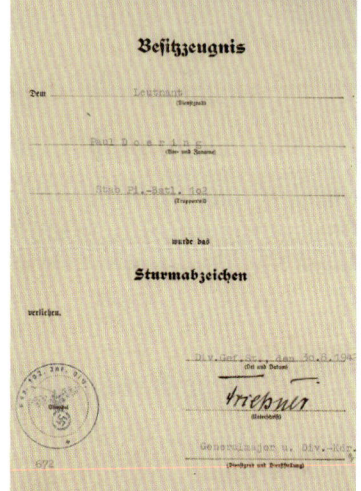

▲ 一份标准的普通突击奖章的授励文件

▲ 另外一种样式的普通突击奖章的授励文件

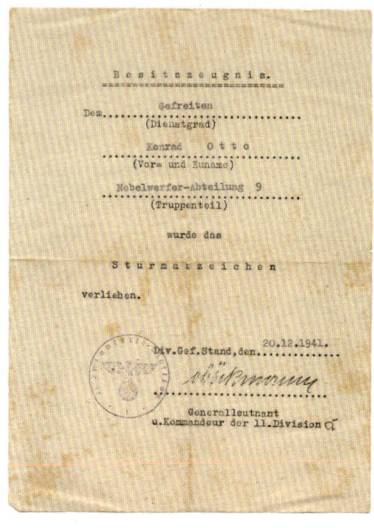

▲ 简易的普通突击奖章的授励文件

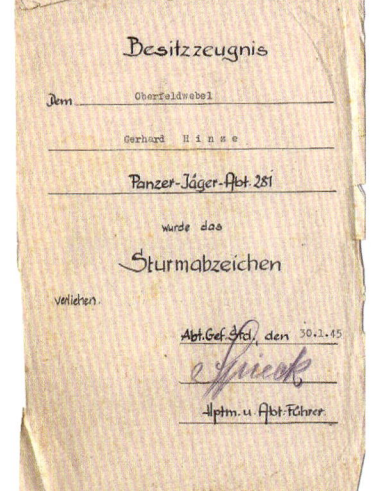

▲ 普通突击奖章的授励文件，可以看到战争末期物资匮乏，授励文件极其简易

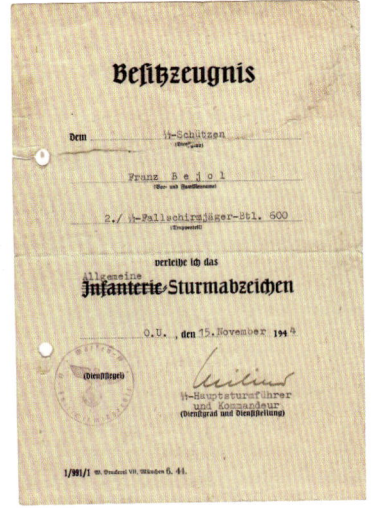

▲ 党卫队第600空降营的普通突击奖章授励文件，可以看到这是由步兵突击奖章的授励文件修改而成

▲ 另外一种样式的普通突击奖章的授励文件

普通突击奖章被放置在简易纸盒、纸袋和玻璃纸袋内,简易纸盒内有一层薄纸保护奖章。

◀ 普通突击奖章和带有LDO的玻璃纸袋

▲ 放置在纸盒里的普通突击奖章

◀ 普通突击奖章和纸袋,可以看到生产厂家为Wilhelm Deumer

技术信息

普通突击奖章由柏林知名艺术家威廉·恩斯特·皮克豪斯(Wilhelm Ernst Peekhaus)设计。他共提交了六种方案给希特勒。希特勒最终选定的方案是上方为陆军鹰徽紧抓万字,下方为交叉的24型长柄手榴弹和98K刺刀,最外环绕橡树叶花环的图案。普通突击奖章由三部分组成一个整体,奖章为高53毫米、宽42毫米的椭圆形。橡树叶花环的宽度为6毫米,每边各有五片橡树叶,每片橡树叶底部有一粒橡树果。奖章中间是抓着纳粹万字的国防军陆军鹰徽图案,鹰徽下面是突出于花环的交叉的刺刀和手榴弹图案。徽章背面有实心平面的,也有凹面的。背面的别杆和挂钩是用于在制服上佩带。1940年早期,奖章的材料是镍合金镀银,到了战争中期,奖章变为钢模浇铸,材料为优质白色锌合金,表面镀银。

设立后的前两年,普通突击奖章的批准授予权限在师级或相应级别的指挥官手中。从1942年开始,团级或独立营级指挥官也有权限批准授予普通突击奖章、步兵突击奖章和坦克突击奖章。

随着战争的进行,各前线作战人员累计的作战天数不断增多,标准的普通突击奖章已不足以体现作战天数。1943年6月22日,由国防军副官长施密特上校代表陆军总司令部设立了二级、三级、四级普通突击奖章,分别代表25、50、75、100次突击,在收藏界我们更习惯用次数来称呼这些带有数字的普通突击奖章。

◀ 佩戴普通突击奖章的一件炮兵上校野战服

▲佩戴普通突击奖章的一件装甲兵黑色专用夹克。供图/Hermann Historica

嘉勇三军：德国陆军普通突击奖章鉴赏

▲佩藏普通突击奖章的一件突击炮兵上校黑色专用夹克。供图/Hermann Historica

世界经典制服徽章艺术

▲ 佩戴普通突击奖章的一件武装党卫军第14"西里西亚"掷弹兵师军官的常服。供图/Hermann Historica

嘉勇三军：德国陆军普通突击奖章鉴赏

二级、三级和四级普通突击奖章的样式和标准的普通突击奖章基本相同。二级和三级普通突击奖章外形稍大，高58毫米，宽48毫米，环宽7毫米。奖章底部有一个双层矩形框，外框宽10毫米、高8毫米，内框宽8毫米、高6毫米，在矩形框中是阿拉伯数字"25"或"50"。奖章的橡树叶花环与中间的鹰徽图案是分体的。橡树叶花环镀银，中间的图案经过黑色氧化处理，用四个柳钉固定在徽章花环上。四级普通突击奖章高56毫米，宽49毫米，环宽7.5毫米。底部矩形外框高8毫

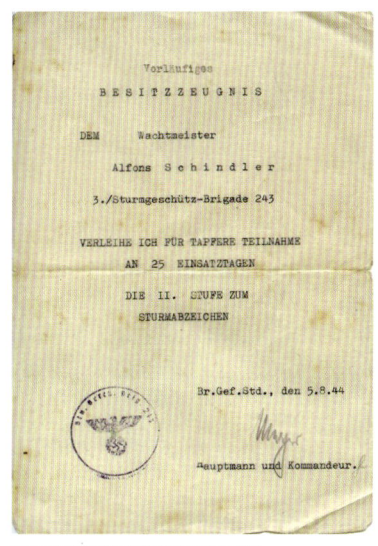
▲ 二级普通突击奖章的授勋文件

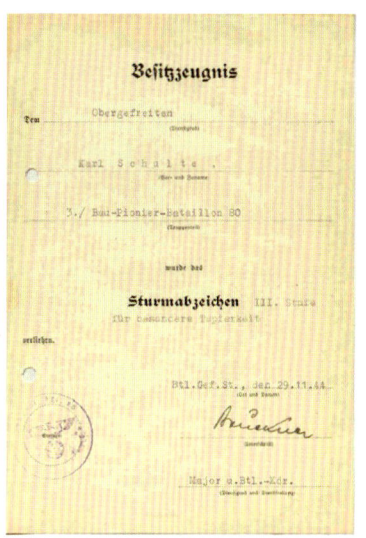
▲ 三级普通突击奖章的授勋文件

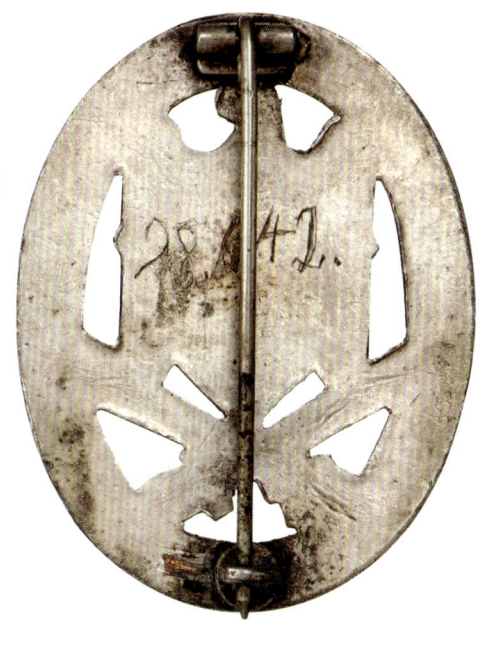

◀▼ 背后刻有获得日期"28.6.42."的一枚普通突击奖章，这应当只是个人行为。供图/Hermann Historica

▲ 放置在纸盒里的四级普通突击奖章

米、宽10毫米，矩形内框高7毫米、宽9毫米，矩形框内部是数字"75"或"100"。奖章的橡树叶花环与中间图案也是分体的，中间图案和二级、三级的一样，但鹰徽稍大，刺刀和手榴弹的交叉角度也不一样。橡树叶花环为镀金，中间的鹰徽和交叉图案经过黑色氧化处理，用四个柳钉固定在徽章花环上。

获得者只能选择一个等级的普通突击奖章佩戴，其他低等级的普通突击奖章由获得者保管。

二级、三级和四级普通突击奖章从1943年7月1日开始授予，获得者在此之前需要参加三次作战行动并已获得了普通突击奖章。另外，行动的有效期可以追溯，东线作战的官兵可以追溯到1941年6月22日，非洲军团的官兵也可以按服役期追溯。相关的换算标准如下：

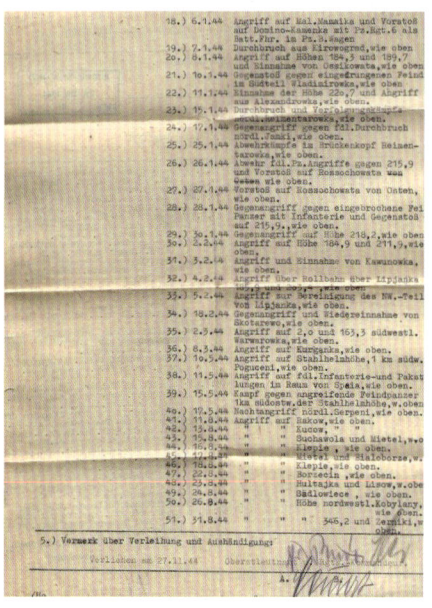
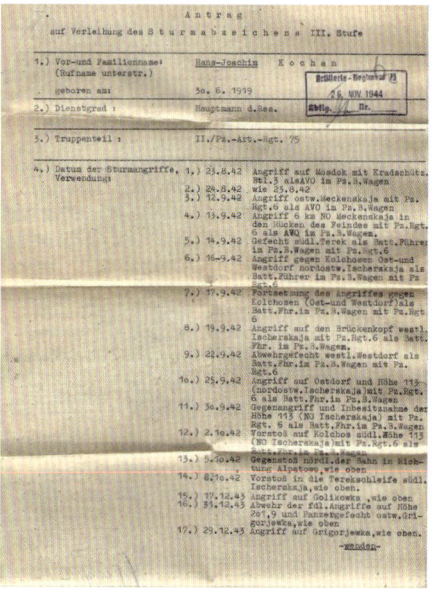

◀ 预备役上尉汉斯－约阿希姆·科汉（Hans-Joachim Kochan）的二级普通突击奖章的作战行动次数记录

▶ 第381位橡叶饰获得者伯哈德·弗拉克斯（Bernhard Flachs），他佩戴着二级普通突击奖章

嘉勇三军：德国陆军普通突击奖章鉴赏

▲ 佩戴着二级普通突击奖章的戈特弗里德·托尔瑙（Gottfried Tornau）

▲ 第846位橡叶饰获得者约瑟夫·布兰德纳（Josef Brandner），他佩戴着四级普通突击奖章（100次，1944年10月20日获得）

▲ 约瑟夫·布兰德纳的四级普通突击奖章（100次）授予文件

八个月服役期=10次行动
十二个月服役期=15次行动
十五个月服役期=25次行动

如果士兵受伤或者回国探亲的时间超过特定时间的四分之一，那么在此之前的服役期就不能计算。如果士兵严重受伤以至于不能继续参加战斗，师级指挥官在此情况下可以酌情授予其更高一个等级的奖章，最低的要求为：

18次行动=二级普通突击奖章
35次行动=三级普通突击奖章
60次行动=四级普通突击奖章

和步兵突击奖章一样，普通突击奖章也是证明佩戴者英勇作战，有宝贵的前线作战经验的奖章。它是单兵参加单独行动的个人荣誉，而不是集体荣誉。

◀ 第600步兵突击旅第3连的陆军少尉卡尔·西蒙（Karl Simon）的普通突击奖章授予文件、二级普通突击奖章授予文件和二级普通突击奖章的作战行动次数记录

世界经典制服徽章艺术

▶ 带有普通突击奖章的一枚明信片。供图/Helmut Weitze

▼ 一套保留有纸盒的普通突击奖章。供图/Militaria Berlin

生产厂家

与其他战斗类奖章相比，只有极少数的普通突击奖章上有厂家的Logo或LDO，并且只有一个厂家选择使用总理府给定的官方编号。这就使得分辨真正的奖章，或获得者由于丢失、损坏而私人定制的奖章变得困难。

普通突击奖章由众多的厂家生产，通过研究发现其有着许多版本，并且在细节上也有众多的不同。早期的奖章由诸如铜锌合金（Tombak）、镍银或"德国银"等高质量的材质冲压而成，而大量普通突击奖章则是采用锌压铸而成。

由于工匠、模具的区别，不同厂家生产的普通突击奖章的质量也各不相同。客观来说，普通突击奖章的样式也各种各样，一些显得生动，一些则显得死板，甚至当时的艺术风格，比如装饰艺术都对奖章的设计有影响。

此外，不同厂家生产的普通突击奖章包括凹面、半凹面和实心等样式，每一枚奖章都是不同镀层的组合。不同的样式并不一定是生产期间厂家修改的结果，而有可能是满足各种客户要求的折中方案。虽然战争早期的奖章使用的是诸如镍银之类的贵金属，但与铮亮灰白的锌材质相对应的灰色镀层的奖章也有生产，其作用是在野战时佩戴。

以下是主要生产厂家及其简要版本信息：

▲ 少见的圆盘版普通突击奖章。生产厂家应为A.Rettenmaier

嘉勇三军：德国陆军普通突击奖章鉴赏

厂家: Assmann & Söhne

厂家: Berg & Nolte

厂家: Gustav Brehmer

厂家: Wilhelm Deumer

厂家: Deschler & Sohn

厂家: Förster & Barth

厂家: Frank & Reif

厂家: Franke & Co

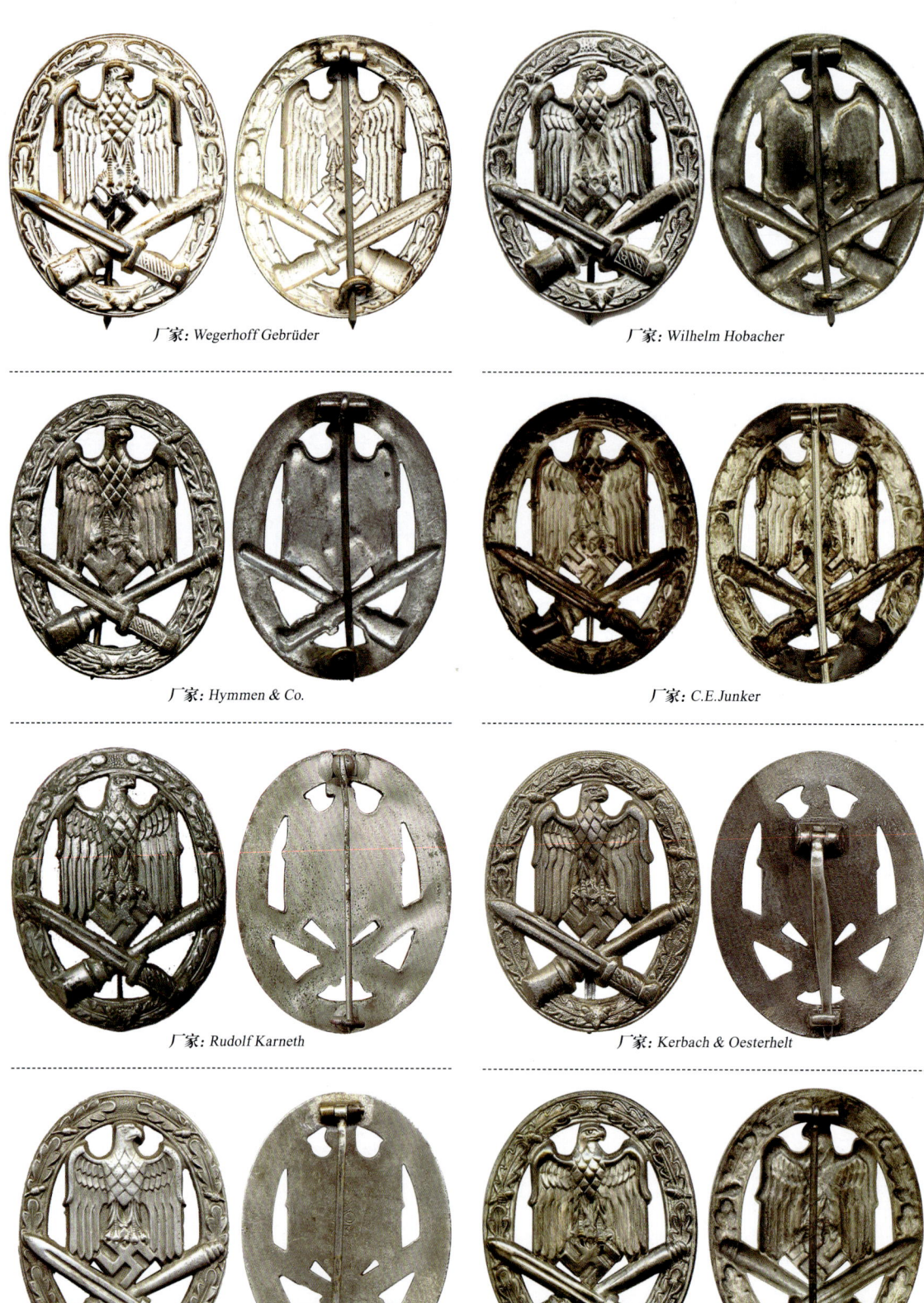

厂家: Wegerhoff Gebrüder

厂家: Wilhelm Hobacher

厂家: Hymmen & Co.

厂家: C.E.Junker

厂家: Rudolf Karneth

厂家: Kerbach & Oesterhelt

厂家: Friedrich Linden

厂家: Bernhard Heinrich Mayer

嘉勇三军：德国陆军普通突击奖章鉴赏

厂家: Paul Meybauer

厂家: Petz & Lorenz

厂家: A. Rettenmaier

厂家: Friedrich Orth

厂家: Schauerte & Höhfeld

厂家: Otto Schickle

厂家: Rudolf Souval

厂家: Steinhauer & Lück

厂家: E. Ferd. Wiedmann 　　　　厂家: Carl Wild

厂家: Karl Wurster 　　　　厂家: Fritz Zimmerman

带次数的普通突击奖章的生产厂家

带次数的普通突击奖章的生产厂家较少。这类奖章在1943年6月22日设立，但根据1944年9月4日的条例，它还可以授予炮兵观测员、无线电操作员和参加装甲支援作战的装甲兵。

绝大多数带次数的普通突击奖章由位于格布伦茨的厂家Josef Feix & Söhne、Rudolf Karneth和位于柏林的厂家C.E.Junker生产。三个厂家使用的是同一个设计方案，生产的二级、三级普通突击奖章都带有较

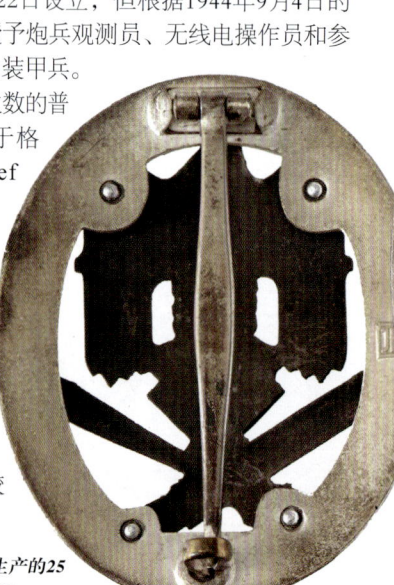

▶ Josef Feix & Söhne生产的25次普通突击奖章。供图/Hermann Historica

嘉勇三军：德国陆军普通突击奖章鉴赏

▲ Josef Feix & Söhne生产的**50次普通突击奖章**。供图/Militaria Scholz

▲ Josef Feix & Söhne生产的**75次普通突击奖章**。供图/Hermann Historica

▲ Josef Feix & Söhne生产的 **100**次普通突击奖章。
供图/Hermann Historica

▲ Rudolf Karneth生产的**25**次普通突击奖章。
供图/Hermann Historica

嘉勇三军：德国陆军普通突击奖章鉴赏

◀ Rudolf Karneth生产的50次普通突击奖章。
供图/Hermann Historica

◀ C.E.Junker生产的无厂标的25次普通突击奖章。
供图/Hermann Historica

嘉勇三军：德国陆军普通突击奖章鉴赏

▲ ▶ C.E.Junker生产的50次普通突击奖章。
供图/eMedals

▲ C.E.Junker生产的75次普通突击奖章

▲ C.E.Junker生产的100次普通突击奖章

宽的橡叶环。

因为带次数的普通突击奖章的价格昂贵，因此仿品很多。我们需要通过厂标、柳钉、挂钩、别杆的样式、镀层的颜色来区别真假。

微型别针版奖章

几乎二战德国所有的勋奖章都有9mm或16mm的微型版，其安装在别针上。别针通常佩戴在平民礼服左翻领的扣眼处，而不允许佩戴在平民大衣的左翻领处。对许多微型别针的测量结果表明，9mm和16mm的官方标准尺寸经常被生产者忽略，导致产生了其他不同的尺寸。一些勋奖章，比如铁十字勋章、战功十字勋章和战伤奖章通常被发现按照顺序排列以组合的形式焊在一根小的金属条上，但普通突击奖章是以单独的形式出现（私人定制的除外）。微型别针组合版的规则通常被厂家忽视，而由于LDO和

55

特定的厂家在质量标准上通常有争议，因此总理府在1944年4月发布了微型别针版的新规则，规定只有Steinhauer & Lück厂的微型别针版本模具和切削工具被官方认可。一旦其模具和切削工具被总理府批准，其他厂家可以基于其样式和指南生产自己的模具和切削工具，且生产完成后必须提交总理府获得最终批准。

1943年7月，总理府针对不受欢迎的微型别针版颁布了一个新的规定。16mm的微型别针版勋奖章从此之后将不允许生产和出售，只有9mm的被保留。新规定建议16mm的微型别针版勋奖章在1943年的夏天停止生产。

▲ *16mm版本的普通突击奖章微型别针*。供图/*Military Agent*

▲ *一套带有普通突击奖章的组合微型别针，应该是私人定制的*

▲ *9mm版本的普通突击奖章微型别针*。供图/*Philipp Militaria*

目前还不清楚微型别针版勋奖章由哪些厂家生产。可能某些厂家只生产普通突击奖章的微型别针版本，而某些厂家生产一般的普通突击奖章。

微型别针版普通突击奖章和一般的普通突击奖章之间的模具特征并不相同。虽然16mm版微型别针拥有更为出色的细节，完全能够采用一般的普通突击奖章的设计副本，但看起来并不是所有的厂家都愿意如此。

微型别针版普通突击奖章的结构非常简单，长度在40~50毫米之间的圆形金属别针一端弯曲并焊接在压铸的奖章背面。大部分情况下，别针是焊接在一块圆形的铁片上，另外一种固定方法是将别针的一端变得扁平然后直接焊接在奖章的背面。绝大部分的别针在中间部位都有约10~20毫米长弯曲的纹路方便在

嘉勇三军：德国陆军普通突击奖章鉴赏

◀ 非常有趣的一套带有普通突击奖章的勋赏项链
供图/Hermann Historica

▲ 16mm和9mm的微型别针版普通突击奖章对比图

材质、制造工艺和镀层

材质

衣服上佩戴。

在个别情况下，微型别针版普通突击奖章的背面也有厂标。这有可能是特定的厂家为私人购买者专门生产的。这种奖章通常有LDO的标识印刷在包装盒上，有的还有标明生产厂家的印戳。

普通德国勋奖章的生产厂家使用的材质可以分为三个等级：高质量、中等质量和低质量。普通突击奖章也如此。

57

高质量的材质： 包括铝、铝铜合金（铝和铜分层组成的金属复合物）、黄铜、铜、铜锌合金（铜和锌的合金，看起来像铜）、德国银或镍银（镍的合金实际上并不包含银）。铝、铜、铜锌合金我们相对较为熟悉。对于德国银，我们要知晓两种构成：新银（Neusilber）和旧银（Altsilber）。新银的外表明亮有光泽，旧银因为经过人工氧化处理而看起来灰暗。在制作过程中，新银不会失去光泽，而是具有真正的银的外表。新银呈现出与众不同的灰色和灰色/棕色光泽。第三帝国的勋奖章基本不使用真正的银。如果使用的是真正的银，通常会做标记。最为常见的银的标号是800，代表有800份真正的银和200份合金添加剂（通常为镍）。由于更高质量的要求，更高的银的标号也有，但是标号925的银（纯银）通常因为这是英国银的标号而受到怀疑。因为其柔软性，纯银被认为不能作为勋奖章的制作原料，而黄金是专属于最高质量和著名勋奖章的。

第三帝国使用高质量材质制作的勋奖章看起来非常厚重，就像人造珠宝一样。但是普通突击奖章很少用高等级材质生产。

▲ 采用锌材质的普通突击奖章

▲ 采用铜锌合金材质的普通突击奖章　　　　▲ 采用铜铝锌合金材质的普通突击奖章

中等质量的材质：包括各种白金属、精炼锌合金（通常被称为Feinzink）。中等质量的材质相较于高质量的材质更轻也更便宜。中等质量的材质也很适合生产勋章，同样也能制造出精良和有魅力的勋奖章。和高质量材质制成的勋奖章相比，中等质量材质制成的勋章经受不住时间的考验，长时间后会变暗或镀层消失、起泡。

低质量的材质：主要是被称为战争金属的粗糙黑锌材质的合金（Kriegsmetall）、铜铅合金，这种材质也很适合各种切割和模具技术，但它不适合电镀工艺，因此只能采用漆层。需要注意的是，采用这种工艺的勋奖章在佩戴后漆层会很快脱落。因此采用低质量材质的勋奖章在一段时间后将没有漆层，而中等质量材质的勋奖章还有灰色的表面。需要指出的是，虽然有很多勋奖章的材质是含铅的锌合金，但是并没有只使用铅材质的勋奖章，因此勋奖章不会在手指的压力下弯曲。

制造工艺

普通突击奖章的制造工艺可被分为三种：冲压、模锻、压铸。

冲压工艺是用重型的工业模具将图案印砸在一块冷金属薄片上。模压件的特点是薄和相对平。同

▲ 采用精炼锌合金材质的普通突击奖章。供图/eMedals

▲ 采用黑锌材质的普通突击奖章，可以看到漆层脱落严重。供图/eMedals

▲ 冲压工艺生产的普通突击奖章。
供图/Hermann Historica

时，模压件都有正面和反面的图案。和其他普通的勋奖章一样，冲压制成的勋奖章的细节非常清晰。黄铜、铜锌合金、铝铜合金、钢、锌合金是冲压工艺使用得最为广泛的材质。

模锻工艺是将较厚的金属片加热到可锻点，采用重型模具印砸的工艺。模锻工艺适合那些厚重或三维立体设计的勋奖章，其原因为热的、软的金属更容易形成复杂的图案，减少对模具的磨损。模锻工艺制成的勋奖章最为显著的特征是边缘存在剪切的痕迹，这些切痕都处理得相当好，有时候会显示出明显的水波纹，其他无非是颜色上的细微差别。有的切痕肉眼看不出来，只有在放大镜下才能看清楚。当检查勋奖章上的切痕时应该记住，它们都是从模具中取出来后用手工打磨的，因此，勋奖章边缘周围的切痕很常见，同样在勋奖章的内部也有切痕。切痕通常和模具有关系，但是由于使用的原材料较薄而难以发现。模锻工艺的第二个特征被称为"冷分流"，这是在模锻过后因冷却的不均匀而造成勋奖章表面有微小的裂缝和残次。"冷分流"不会和手工铸造的仿品中所产生的气泡相混淆。模锻工艺所生产的勋奖章图像清晰，细节生动。

压铸工艺是将已经熔化的金属注入一个封闭模具里。当融化的金属冷却后，便从模具中取出来，并且经过手工加工成为最终产品。压铸工艺所生产的勋奖章也很精美，具有完美的细节和平滑的背面。压铸工艺生产的勋奖章的外表比前两种工艺的更光滑，而且产量更大。偶尔，压铸工艺生产的勋奖章背后的挂钩和别杆是一体的。压铸工艺生产的勋奖章的背面通常会出现圆形的"顶针痕"标记，是勋奖章冷却后由推出模具的顶针所导致的。作为参考，现代的许多玩具汽车、卡车等都是采用压铸工艺，同样跟普通突击奖章一样有"顶针痕"。总的来说，普通突击奖章大部分采用的是压铸工艺。该工艺所需的原材料价格低廉且对手工艺要求不高，因此是最节约成本的工艺。

原品的勋奖章不能使用手工铸造工艺，而大部分仿品都是采用这种工艺。手工铸造时，图案（一般从原品勋奖章上得到）首先被印到蜡制品上作为模具。模具做好后，融化的金属被手工倒进模具中直至冷却。最后将成品从模具中取出，整个铸造过程就完毕了。采用手工铸造制作的成品会比原品小，且具有模糊和不一致的细节。手工铸造的勋奖章的背面会出

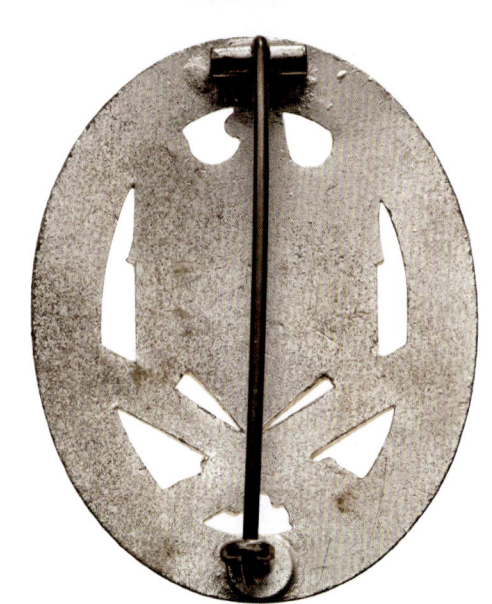

▲ 压铸工艺生产的普通突击奖章
供图/Hermann Historica

嘉勇三军：德国陆军普通突击奖章鉴赏

◀ 一枚半成品的普通突击奖章

现波浪纹而显得不平整。因为融化的金属被手工浇注在模具中，未施加任何压力，所以手工铸造的勋奖章表面上有许多清晰可见的小气泡。最后，手工铸造的勋奖章的边缘没有原品勋奖章的清晰，也没有切痕，其边缘更为光滑和圆润。现在一种更为先进的制作仿品的方法是用细粒状的树脂做成封闭的模具，这样制成的仿品细节生动，具有平坦而光滑的背面，但是边缘还是没有切痕。一旦采用冲压、模锻和压铸工艺生产的勋奖章被生产出来后，它们都需要用手工除掉粗糙的边缘，如果勋奖章采用多片式，则需要最终组装为成品。

别杆、别杆基座和挂钩

普通突击奖章的别杆、别杆基座和挂钩需要耗费大量的原材料和精密的工艺。所有的别杆、别杆基座和挂钩的共同特性是具有足够的耐久性和强度。易损坏的别针和使用可弯曲材质制成的别针不会使用在原品的勋奖章上。

有的别杆的样式为宽叶式，中间最宽，顺着两端逐渐变细。Josef Feix和Rudolf Karneth厂生产的大量的二级、三级、四级普通突击奖章就是采用这种样式的别杆。这种"宽腹式"的别杆很坚固，采用冲压工艺制成，并和勋奖章一样有切痕。而普通突击奖章上使用得最为广泛的是细长的圆形别杆。圆形别杆的顶端是平齐的，以免给佩戴带来麻烦。有资料说，别杆是带有磁性的，但是没有证据证明这一观点，虽然有的勋奖章是带磁性的，但是这并不表示别杆也带磁性。

别杆基座也有好几种样式，包括桶形基座、薄金属片制成的基座和用小块金属打磨制成的基座。

挂钩通常是用一小段坚固的圆形金属加工成

▲ 普通突击奖章薄金属片制成的基座。供图/Philipp Militaria

"C"形并安装在勋奖章上。如果勋奖章的材质为锌质则需要在挂钩上增加一个垫片。扁平的金属挂钩也比较常见。和别杆一样，挂钩的顶端是也平齐的。

因勋奖章的材质不同，将别杆安装到勋奖章本体上的方法也不尽相同。如果勋奖章使用的是高质量

▲ 不太常见的普通突击奖章基座形式。供图/Militaria Berlin

▲ 用小块金属打磨制成的普通突击奖章基座。供图/Militaria Berlin

▲ 普通突击奖章的C形挂钩。供图/Philipp Militaria

▲ 普通突击奖章扁平的C形挂钩

▲ 带有圆形垫片的普通突击奖章C形挂钩

▲ 直接焊接的普通突击奖章C形挂钩

的材质，别杆基座和挂钩就直接焊接在勋奖章上。如果勋奖章使用的是低质量的材质，别杆基座和挂钩上会安装垫片，再焊接到勋奖章上。

镀层

和使用的原材料一样,普通突击奖章镀层所采用的材料和工艺也是用质量的高低来区分的。镀层的工艺直接与勋奖章所使用的材质相关联,我们可以将其分为三类。

高质量材质制成的勋奖章具有厚重、高质量的镀层。如果勋奖章需要和生产的材质本身相同的颜色,只要将勋奖章从模具中取出来,然后清洁并经过简单磨光或磨砂处理后制成成品。如果需要镀银,则需要使用高质量的镍合金。

中等质量材质的勋奖章的镀层较薄,随着时间的流逝,镀层表面会褪色和起泡。

低质量材质的勋奖章的镀层通常使用名为"烤漆"的一种工艺。这种工艺本质上是将油漆配以适当的颜色涂在勋章上,然后进行加热。虽然采用这样的工艺的勋奖章刚开始是合格品,但镀层会很快褪色。通常低质量材质的勋奖章的表面几乎没有镀层。

▲ 保留了90%镀层的普通突击奖章。供图/eMedals

▲ 镀层保留非常好的一枚普通突击奖章。供图/eMedals

▶ 一名陆军上尉佩戴着普通突击奖章

▲ 早期的57版普通突击奖章,厂家为Steinhauer & Lück

▲ 早期的57版普通突击奖章,厂家为Wilhelm Deumer

57版普通突击奖章

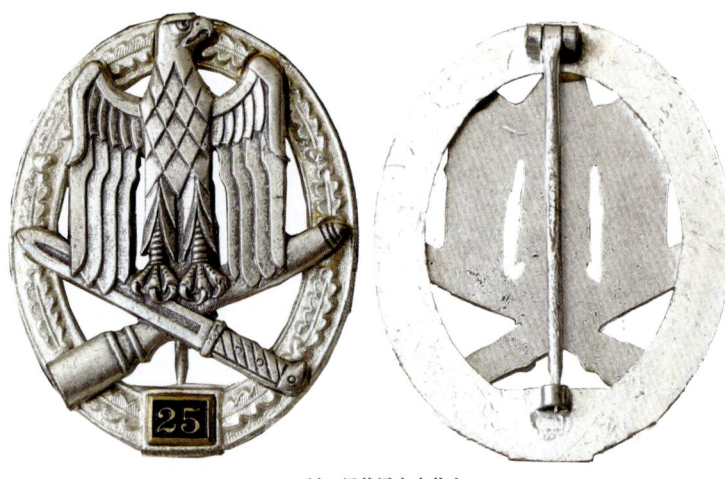

战后联邦德国设立了1957版普通突击奖章，其取消了奖章中间的万字符号，陆军鹰徽的位置下移，其他无变化。早期的57版普通突击奖章的质量较高，但是随着时间的推移，其质量慢慢变差。

▲ 57版二级普通突击奖章

◀ 一块勋略，可以看到其中普通突击奖章的勋略

▲ 骑士铁十字勋章获得者赫尔穆特·耶瑟尔（Helmut Jeserer）佩戴着普通突击奖章勋略

▲ 一名陆军上尉佩戴着普通突击奖章勋略

嘉勇三军：德国陆军普通突击奖章鉴赏

带次数的普通突击奖章获得者

带次数的普通突击奖章获得者寥寥，这些老兵们穿梭在枪林弹雨中，用生命和鲜血赢得了勋章和奖章。下面是笔者整理的获得者名单。

▲ 陆军准将阿尔弗雷德·缪勒（Alfred Müller）佩戴着普通突击奖章勋略

▶ 佩戴普通突击奖章的海因里希·克勒

▲ 佩戴二级普通突击奖章的赫尔曼·戴森贝格尔

▲ 佩戴二级/三级普通突击奖章的罗尔夫·迪伊

▲ 佩戴金质德意志十字勋章的威廉·韦格纳

▲ 佩戴橡叶饰和四枚坦克击毁臂章的波多·施普兰茨

带次数的普通突击奖章获得者名单

序号	中文姓名	德文姓名	军衔	获得时间	所在部队/职务	级别	备注
1	菲利克斯·阿达莫维奇	Felix Adamowitsch	陆军上尉	1944年12月3日 1944年12月3日	第904突击步兵旅第3连连长 第904突击步兵旅第3连连长	二级 三级	
2	弗里德里希·阿罗尔德	Friedrich Arnold	陆军预备役中尉 陆军预备役上尉	1943年7月1日 1945年3月25日	第237突击步兵营第2连 第500突击步兵营	二级 三级	
3	迪特里希·阿舍尔	Dietrich Ascher	陆军预备役少尉	不详	第235突击步兵营第2连	二级	
4	格哈德·本克	Gerhard Behnke	陆军少校	1944年10月15日	第322突击步兵旅旅长	二级	
5	卡尔-埃里希·贝格	Karl-Erich Berg	陆军上尉 陆军上尉	不详 不详	第191突击步兵旅第2连连长 第191突击步兵旅第2连连长	二级 三级	
6	埃里希·贝格尔	Erich Berger	陆军上尉	1944年6月13日	第88装甲猎兵营第3连连长	二级	
7	弗里茨·布兰克	Fritz Blank	陆军中士	1944年4月17日	第33装甲猎兵营第3连	二级	
8	格奥尔格·博泽	Georg Bose	陆军少尉	1944年8月1日	第177突击步兵营	二级	
9	格哈德·勃兰德	Gerhard Brandt	陆军中尉	不详	第202突击步兵旅第2连连长	二级	
10	保罗·达姆斯	Paul Dahms	陆军上尉	1944年12月2日	第286突击步兵旅	二级	
11	赫尔曼·戴森贝尔	Hermann Deisenberger	陆军少校	不详	第16装甲炮兵团第2营营长	二级	
12	格哈德·德勒维斯	Gerhard Drewes	骑兵中士 陆军少尉	1943年11月20日 1944年12月2日	第29突击步兵营第1连 第249突击步兵旅第1连	二级 三级	
13	罗尔夫·迪伊	Rolf Düe	陆军中尉 陆军中尉	1944年 10月18日 不详	第19装甲猎兵营 第19装甲猎兵营第1连	二级 三级	

	姓名		姓名 (英文)	军衔	日期	部队	级别
14	阿尔弗雷德·埃哈特		Alfred Egghart	陆军预备役少尉 陆军预备役少尉 陆军预备役中尉	1944年10月1日 1944年10月15日 1945年3月14日	第912突击步兵旅第2连 第912突击步兵旅第2连连长 第912突击步兵旅第2连连长	二级 三级 四级
15	卡尔·法伊登		Karl Feiden	陆军中士	不详	第259突击步兵旅第3连	二级
16	伯哈德·弗拉克斯		Bernhard Flachs	陆军上尉	不详	第277突击步兵营营长	二级
17	赫尔贝特·高格里茨		Herbert Gauglitz	党卫队小队领袖	1944年6月6日	党卫队维京师突击步兵营参谋部	二级
18	约瑟夫·盖斯贝格尔		Josef Geisberger	陆军中士	1944年11月14日	第203突击步兵旅	二级
19	埃里希·格佩特		Erich Geppert	陆军上尉	1944年10月20日	第209突击步兵旅第3连连长	二级
20	京特·吉佩特		Günther Gippert	陆军中士	1944年12月24日	元首掷弹旅第12连	二级
21	埃里希·格拉韦		Erich Glawe	营级军士长	1945年3月5日	第178装甲猎兵营第2连	二级
22	海因茨·黑尔费里希		Heinz Helferich	陆军预备役上尉	不详	第48装甲猎兵营	二级
23	阿伦德·赫佩尔		Ahrend Höper	陆军预备役少尉 陆军预备役少尉	1944年9月10日 1944年10月17日	第202突击步兵旅第1连连长 第202突击步兵旅第1连连长	二级 三级
24	格奥尔格·克特尔		Georg Kettl	陆军中尉	1944年6月10日	第239突击步兵旅第3连	二级
25	约翰内斯·科哈诺夫斯基		Johannes Kochanowski	陆军少尉 陆军少尉	1943年10月10日 1944年11月3日	第911突击步兵旅第3连 第911突击步兵旅第3连	二级 三级
26	海因里希·克勒		Heinrich Köhler	陆军少尉	1945年3月16日	第210突击步兵旅第3连	二级
27	罗尔夫·穆克		Rolf Mucke	陆军预备役中尉	1944年	第902突击教导旅第2连连长	二级

序号	中文姓名	德文姓名	军衔	获得时间	所在部队/职务	级别	备注
28	霍斯特·瑙曼	Horst Naumann	陆军少尉 陆军少尉	1945年3月26日 1945年4月28日	第210突击教导旅 第210突击教导旅营长	二级 三级	
29	汉斯·波班茨	Hans Pobanz	骑兵预备役中士 骑兵预备役中士	1944年8月8日 1945年3月12日	第912突击步兵旅第2连 第912突击步兵旅第2连	二级 三级	
30	海因茨·沙夫	Heinz Scharf	骑兵中士	1944年9月10日	第202突击步兵旅第3连	二级	
31	弗里德里希·舍雷尔	Friedrich Scherer	陆军上尉	1944年6月10日	第236突击步兵旅第2连	二级	
32	阿尔方斯·施耐德	Alfons Schindler	骑兵中士	1944年8月5日	第243突击步兵旅第3连	二级	
33	库尔特·施林曼	Kurt Schliessmann	陆军中尉	不详	第286突击步兵旅第1连连长	二级	
34	埃里希·施米德霍伊泽	Erich Schmidhäuser	陆军预备役少尉 陆军预备役少尉	1944年7月30日 1945年5月5日	第259突击步兵旅 第259突击步兵旅第3连	二级 三级	
35	阿尔伯特·施内勒尔	Albert Schneller	陆军中尉	不详	第1重装备滑雪营第1装甲猎兵连	二级	
36	约瑟夫·施瓦岑巴赫尔	Josef Schwarzenbacher	陆军预备役中士	1943年9月29日	第912突击步兵营第1连	二级	
37	威利·施武特	Willi Schwutke	陆军中士	1944年8月12日	第13装甲猎兵营第3连	二级	
38	尤利乌斯·泽克	Julius Serck	骑兵中士 骑兵上士	1945年2月17日 1945年3月31日	第300突击步兵旅第3连 第300突击步兵旅第3连	二级 三级	
39	弗里茨·西默斯	Fritz Siemers	骑兵预备役中士	1944年8月18日	第920突击步兵旅第2连	二级	
40	卡尔·西蒙	Karl Simon	陆军少尉	1945年4月25日	第600突击步兵旅第3连	二级	
41	波多·施普兰茨	Bodo Spranz	陆军上尉	不详	第237突击步兵营第1连	二级	
42	恩斯特·施塔姆	Ernst Stamm	骑兵中士	1944年6月13日	第227突击步兵旅第3连	二级	

43	恩斯特-古斯塔沃·汤姆森	Ernst-Gustav Thomsen	陆军预备役上尉	1945年5月8日	第73装甲炮兵团第3营	二级
44	戈特弗里德·托尔瑙	Gottfried Tornau	陆军上尉	1943年12月1日	第184突击步兵营第3连连长	二级
45	威廉·韦格纳	Wilhelm Wegner	陆军少尉	1944年12与24日	"大德意志"突击步兵营第3连	二级
46	鲁道夫·维斯格贝尔	Rudolf Weisgerber	骑兵中士	1944年12月13日	191突击步兵旅第1连	二级
47	奥特玛尔·维泽利	Otmar Wesely	陆军预备役少尉	1944年12月13日	第111教导突击步兵旅第2连	二级
48	瓦尔特·维斯特	Walter Wüst	陆军少尉	1945年2月15日	第600突击步兵旅第1连	二级
49	埃里希·齐尔曼	Erich Zillmann	骑兵中士 / 骑兵中士	1945年1月1日 / 1945年3月16日	第244突击步兵旅 / 第244突击步兵旅	二级 / 三级
50	保罗·雅各比	Paul Jacobi	骑兵上士	1944年9月10日	第202突击步兵旅第3连	三级
51	汉斯·约阿希姆·科汉	Hans Joachim Kochan	陆军上尉 / 陆军上尉	1944年12月17日 / 1945年5月4日	第75装甲炮兵团第2营营长 / 第75装甲炮兵团第2营营长	三级 / 四级
52	阿尔弗雷德·蒙塔格	Alfred Montag	陆军预备役上尉	1944年5月20日	第909突击步兵旅第2连两张	三级
53	卡尔·舒尔特	Karl Schulte	陆军下士	1944年11月29日	第80通信营第3连	三级
54	卡尔海因茨·舒尔茨-施特雷克	Karlheinz Schulz-Streeck	党卫队突击大队领袖	1945年3月15日	党卫队第11装甲猎兵营营长	三级
55	约瑟夫·布兰德纳	Josef Brandner	陆军上尉	1944年10月20日	第202突击步兵旅第2连连长	四级 / 100次

神圣首勋

俄国第一圣徒安德烈勋章全史

作者：赫英斌[1]

---

[1] 赫英斌，辽宁东港人，主要作品有《二战德国陆军单兵装备》《二战美国陆军单兵装备》《二战苏联陆军单兵装备》和《二战日本陆军单兵装备》，研究方向为装备、制服与徽章。

神圣首勋：俄国第一圣徒安德烈勋章全史

俄罗斯，这个世界上领土面积最大的国家，有着深厚的文化底蕴和曲折的发展历史，在这里我们能够看到一幅色彩斑斓的历史画卷。这里有狂暴的斯维亚托斯拉夫、聪明的雅罗斯拉夫、雷厉风行的伊凡四世、充满传奇色彩的彼得大帝，也有风流的叶卡捷琳娜二世、专制的尼古拉二世，同时还有苏沃洛夫的天才、库图佐夫的坚韧。这里也造就了享誉世界的"俄罗斯诗歌的太阳"普希金、最伟大的文学巨匠列夫·托尔斯泰、交响音乐大师柴可夫斯基、最著名的现实主义画家列宾……正是这些或传奇或辉煌人物的一生，向我们生动展现了丰富多彩的历史，勾起后人不断探究的冲动。

俄罗斯民族是一个冰与火交融、热情与忧郁共存的伟大民族，其充满了血雨腥风的蜕变历程，也是一篇艰苦卓绝而又无比精彩的战斗史。伴随着滚滚流淌的伏尔加河和三角琴悠扬的乐声，俄罗斯民族的脚步依然在不断前行。本文将纵览俄罗斯帝国时期最重要的勋章之一圣安德烈勋章，来一窥其帝国的兴衰与荣辱，体味那曾经的荣光与辉煌。

▲ 圣安德烈勋章大绶挂章、星章以及早期的布章

设立和发展

最早在1699年3月20日，奥地利驻俄罗斯帝国大使秘书在他的日记中写道："国王陛下设立了圣安德鲁勋章。"他提到的这个勋章就是俄罗斯帝国第一种勋章——第一圣徒安德烈勋章（Орден Святого апостола Андрея Первозванного，以下简称圣安德烈勋章），俄罗斯帝国的最高奖赏。圣安德烈勋章最早源于一种宗教荣誉。圣安德烈在西方被称为圣安德鲁，相传是耶稣十二门徒之一，被钉在X形的十字架（也就是斜十字架）上而亡，后世就以他的名字来称呼X形的十字架。这种十字架我们不仅会在这种勋章上看到，俄罗斯海军的安德烈旗也采用了这一图案，此外在不少国家也会发现这一形象。相传圣安德鲁的圣物被带到了苏格兰的小城圣安德鲁斯，圣安德鲁就成为苏格兰的守护神，苏格兰的国旗也是圣安德鲁旗。同时圣安德鲁还是希腊、罗马尼亚的守护神。俄罗斯对他的崇拜早已有之，从基辅罗斯时期就已经

▼ 安德烈旗，俄国海军舰艇的舰尾旗，旗上的图案是圣安德烈淡蓝色对角线斜十字。该旗最早于1600年起用，18世纪初改为三面旗帜（白、蓝、红），分别授予中军（主力）、前卫和后卫（1865年取消）。1712年取消中军旗，改用图案为淡蓝色对角线斜十字的白旗，该旗后来成了所有军舰的通用旗

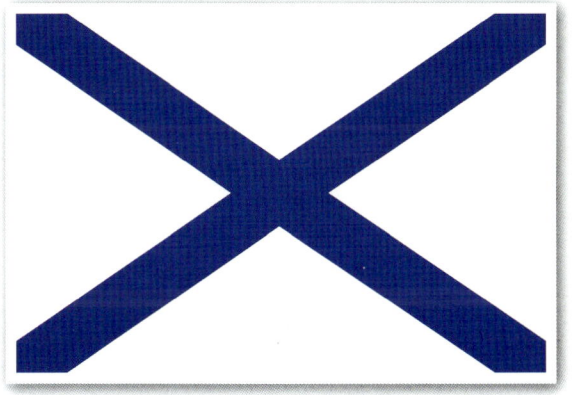

▼ 俄罗斯传统绘画中的圣安德鲁形象

71

世界经典制服徽章艺术

▲ 苏格兰圣安德鲁斯城中的圣安德鲁教堂遗迹。摄影/唐思

◀ 西方油画中的圣安德鲁形象

开始,传说圣安德鲁当时到巴尔干和黑海地区进行布道,后来他也成为俄罗斯的守护神。

俄罗斯最为著名的皇帝彼得一世为了俄罗斯的强大,进行了社会、经济、军事、行政、宗教诸多改革,同时也决定设立俄罗斯帝国独有的奖赏制度。1698年8月30日彼得一世正式设立了俄罗斯帝国第一种勋章,并以俄罗斯的守护神圣徒安德烈命名这种只有一级的勋章。勋章样式接近于苏格兰蓟花勋章,图案由彼得一世亲自制定,以"作为一种公开的恩赐和特权符号,鼓励在战争与和平时期,勇敢和忠诚的服务及其他功勋"。这里需要说明的是,关于勋章设立的具体年代,在俄罗斯勋章研究者当中有1698年和1699年的争论。支持设立时间为1699年的重要根据,就是在前文里提到的奥地利驻俄外交官1699年3月20日的日记,因此有的资料采用了这个时间。而本文采用的1698年8月30日这一时间也查证到较多的说法。

选择俄罗斯大地与天空的保护神来命名这种勋

神圣首勋：俄国第一圣徒安德烈勋章全史

▶ 苏格兰最古老与最高贵的蓟花勋章（The Most Ancient and Most Noble Order of the Thistle），彼得一世以其作为圣安德烈勋章的参考对象

◀ 史学家公认的杰出君王、俄国最伟大的沙皇彼得大帝，他就佩戴着圣安德烈勋章

▲ 保存在克里姆林宫博物馆属于彼得一世的圣安德烈勋章挂章

▲ 属于彼得一世的圣安德烈勋章布质星章

章有强烈的政治意味，反映出彼得的一种愿望和立场，那就是利用一切手段来加强与提高俄罗斯的国家威信，使俄罗斯平等于其他欧洲国家。守护神圣徒安德烈也是一位航海家，毕生周游世界，他的名字之所以被选作俄罗斯最高勋章的名称，这种经历也可能在一定程度上发挥了作用，因此彼得在1699年也选择了安德烈旗作为俄罗斯海军旗，显示了他建立强大俄罗斯海军的志愿。

目前已知最早的圣安德烈勋章颁发草案出现于1720年，"该勋章作为忠诚、勇气以及为祖国建立各种功绩的一种报答与奖赏，是对所有崇高和英勇美德的一种奖励"。勋章草案上面详细记叙着关于这枚

73

▲ 十九世纪上半叶俄罗斯帝国第二种类型国徽图案，上面带有圣安德烈勋章

▲ 佩戴圣安德烈勋章的彼得二世画像

勋章的图案，包括勋章正面为安德烈受难的X形十字架，背部特征是戴着三顶金色皇冠的双头鹰，链章带有俄罗斯国家铭文"为了信仰和忠诚"等。此外还规定勋章十字外沿带有钻石，涂有珐琅和带有皇冠的饰品，价值85卢布，以及佩戴方法等。在勋章获得者一章中，对获得者有着明确的规定，授予对象不仅包括建立军事功勋的军人，还包括公务人员，外国人也可以获颁此勋。获得者若是民事人员，必须拥有伯爵、枢密官、大臣及大使等其他高等头衔，军官则为将军和海军将官，或者拥有"其他卓越的优点"。草案中还规定省长若符合"提供了有价值和忠诚的服务，不得少于10年"的标准，也可以获得该勋章。此外还要求勋章获得者必须不得有身体残疾，年龄不得小于25岁。还规定了每年获得圣安德烈勋章的人数不应超过24人，其中俄罗斯人12人等等。在1720年的勋章条例中，彼得一世规定授予这种勋章给青少年和婴幼儿是轻率的，沙皇的长子阿列克谢·彼得罗维奇也仅是在结婚当天才得到了圣安德烈勋章，彼得二世年轻的时候也不在这种勋章提名者之列。

除了1720年的勋章条例草案外，还发现了1729年、1730年、1744年的勋章颁发草案版本。彼得二世也曾想尝试确立奖赏体系，但并没有成功，直到保罗一世才改革了俄国的勋赏体系。

1797年4月5日在保罗一世举行加冕典礼这一天，关于俄罗斯帝国的四种勋章的设立条例《俄罗斯勋章条例》（Установление дляроссийских орденов）正式对外公布，这一天也成为俄罗斯奖赏系统发展史上的重要一天。保罗一世是一个充满悲剧色彩的人物，他重复了父亲彼得三世的命运。登基伊始，保罗就迫不及待地开始推行各类改革措施，更改了许多叶卡捷琳娜时代的规章典制。他以普鲁士为师，成了一位祸国殃民的君主。他倒行逆施，实行恐怖统治，其统治的时期成为俄罗斯史上最为黑暗的时期，最后被自己的儿子弑父夺权完成了皇位更替，这种血淋淋的争夺皇位的方式，在俄罗斯帝国史上不断上演。

在保罗命令发布的官方勋章条例上，正式以立法的形式确立了圣安德烈勋章在俄罗斯帝国勋章体系中最高等级的地位，这其中又以钻石版最为尊贵。条例禁止获得者私自将宝石和钻石镶嵌到勋章上，对钻石版本的圣安德烈勋章的授予也相当地谨慎，以维护其最高荣誉地位。同时保罗也开始将这一荣誉授予高级宗教首脑，他在位颁发的第一枚勋章，于1796年11月授予了宗教人士，圣彼得堡的大主教加夫里尔二世（Гавриил II）和都主教诺夫戈罗茨基（Новгородский）。

1797年颁布的勋章条例不仅规定了圣安德烈勋章的最高地位，还严格规定了勋章各个部件的尺寸、钻石的尺寸、具体的佩戴规定等等。其中也详

神圣首勋：俄国第一圣徒安德烈勋章全史

▲ 莫斯科克里姆林宫博物馆陈列的一件属于沙皇彼得二世的红色长袍，上面绣有圣安德烈勋章星章

▼ 保罗一世的圣安德烈勋章链章和星章

▲ 佩戴圣安德烈勋章的彼得三世肖像画，他是彼得大帝的外孙，出卖国家利益，最终被妻子发动宫廷政变赶下台后死亡

▼ 在俄罗斯帝国奖赏制度史上占有重要地位的沙皇保罗一世，穿着他的加冕典礼制服。制服是他自己设计的普鲁士军服风格，包含了古老与时尚的元素，虽然剪短的外套仍是老式的，但长裤和背心却是最新款式，外套上带有圣安德烈勋章和圣亚历山大·涅夫斯基勋章星章。新的新月形帽和老式的三角帽形状一样，但翻折向上的两面帽檐取代了三面

75

▲ 人物肖像画代表画家阿尔古诺夫所作伊丽莎白一世·彼得罗芙娜（Елизаветы Петровны）女皇肖像。她是彼得大帝的女儿，俄罗斯罗曼诺夫王朝的第六位皇帝，也是第三位女皇，她平庸无能，放荡而奢侈

▲ 骑马的伊丽莎白一世·彼得罗芙娜和黑奴，她佩戴着圣安德烈勋章

▼ 圣安德烈勋章的圣堂圣彼得堡圣安德烈大教堂，最初的圣安德烈勋章教堂是在神圣三位一体教堂，1727年国库拨款1000卢布建设圣安德烈教堂，在保罗一世受勋后这里成为新的圣安德烈勋章教堂

细规定了佩戴圣安德烈勋章时所穿的制服。在每年11月30日（公历12月13日）安德烈勋章纪念日这一天，勋章获得者要披绿色长天鹅绒斗篷，上面装饰有银线和穗子，左胸部佩戴勋章星章，头戴插有红色羽毛的黑色天鹅绒的帽子，肩挎浅蓝色挂有勋章的绶带，出席盛大的庆祝仪式。依据1797年勋章条例的规定，圣彼得堡华西里耶夫斯基岛的圣安德烈大教堂是这种勋章的圣堂。

保罗一世同时为圣安德烈勋章引入了更多的细则，按时间的先后顺序，年长的12名圣安德烈勋章获得者将获得骑士团团长的头衔，并获得额外的特权，即按资历高低获得数量不同的农奴等。关于彼得一世对于授予青少年和婴幼儿的规定，保罗一世在1797年颁布的条例当中也进行了修改，"所有大公在洗礼时都将被授予圣安德烈勋章"。洗礼时，将用蓝色的圣安德烈勋章绶带或红色的圣叶卡捷林娜勋章绶带缠绕

▲ 佩戴圣安德烈勋章的幼年保罗大公，后来成为沙皇保罗一世

▲ 佩戴圣安德烈勋章的幼年康斯坦丁·彼得洛维奇大公，他是保罗一世的次子

▲ 佩戴圣安德烈勋章的幼年亚历山大和康斯坦丁·帕夫洛维奇大公，后来亚历山大继位成为亚历山大一世

▲ 佩戴圣安德烈勋章的亚历山大一世。他是保罗一世的长子，即位后致力于俄罗斯政治和军事改革，动摇了根深蒂固的农奴制，但他的各项改革最终都归于失败。其主要功绩是通过各种战争，将俄国领土及势力范围进一步巩固和扩大

世界经典制服徽章艺术

▶ 尼古拉一世的全套圣安德烈勋章

▼ 授予非基督徒的圣安德烈勋章星章，19世纪90年代，材质金、银、珐琅

▼ 佩戴圣安德烈勋章的尼古拉二世的儿子，皇太子阿列克谢（Алексей Николаевич，1904~1918），后来和家人一起被新政权枪杀

78　Militaria Collection Publication

在这名新生婴儿的腰部。这个传统后来被俄罗斯贵族借用,只是并没有授予勋章。在现代俄罗斯我们也仍能看到这种仪式的延续,在产房,男孩用蓝色丝带包裹,而女孩则用红色丝带。

需要说明的是,18世纪的圣安德烈勋章和星章式样多种多样,这些式样我们在18世纪的部分勋章获得者肖像画上可以看到并得以证明,而19世纪的勋章就要相对严格规范得多,这应该是1797年正式颁发的勋章条例进行了统一规范的原因。在随后的发展中又多次对1797年勋章条例进行了补充与修改。在1797年以前,任何勋章获得者都可以把宝石镶嵌在勋章上,而从1797年开始,未经批准用贵重的宝石装饰的做法就被严格禁止。给勋章星章和十字加配钻石和宝石成为更尊贵的象征,镶嵌着钻石的勋章和星章也就成为特殊高级的奖赏,授予权更是完全属于皇帝。

几年后,勋章条例经过了多次变化:自1804年8月16日起,在获得这种最高奖赏前如没有获得其他俄罗斯奖赏,可以同时获得圣亚历山大·涅夫斯基勋章和一级圣安娜勋章;自1831年12月31日起,又可以自动获得白鹰勋章和一级圣斯坦尼斯拉夫勋章;自1842年5月23日起,外国勋章获得者获得勋章的同时会收到获勋证书和星章,以及用于佩戴勋章的一条金项链。自1844年8月9日起,当时的沙皇尼古拉一世下诏授予非基督徒(主要是穆斯林)的勋章用俄罗斯帝国的双头鹰代替勋章中的十字架和圣人这些宗教图像。

圣安德烈勋章的颁发条例异常严格,比如说非东正教徒不能佩戴。例如1783年6月5日叶卡捷琳娜二世给波将金的信中就谈到圣安德烈勋章,女皇说道,"我亲爱的朋友:如果他说他没有这个十字,那样我也不能授予他,因为他不是基督徒。"

根据1855年8月5日的法令,授予战斗英雄的勋章添加了配饰,即两把交叉的宝剑位于章体上方、皇冠下方,星章中间的盾形徽章覆盖在交叉的宝剑上。自此,授予军事人员的钻石版圣安德烈勋章都加有这个配饰,交叉的宝剑成为星章一部分,以区别于民事功绩。

在1870年12月3日的法令之后,取消了序列较低的勋章十字顶部交叉的佩剑,以及星章上面配交叉宝剑的传统,授予非战斗功绩与战斗功勋用同样的勋章。只有两种勋章,即圣安德烈勋章和圣亚历山大·涅夫斯基勋章的钻石版星章才可以佩剑,所有其

▲ 格里戈里·亚历山德罗维奇·波将金(Григорий Александрович Потемкин 1739~1791),陆军元帅(1784)、外交家、叶卡捷琳娜二世的宠臣和得力助手,在任陆军院副院长时,于1774年获圣安德烈勋章

▲ 佩戴圣安德烈勋章链章的叶卡捷琳娜二世

世界经典制服徽章艺术

▲ 佩戴圣安德烈勋章大绶带和星章的叶卡捷琳娜二世

▲ 加冕时的叶卡捷琳娜二世，佩戴圣安德烈勋章

▲ 亚历山大二世，尼古拉一世的长子。他在统治期间，对俄罗斯的社会发展做出了历史性的贡献，于1861年下诏废除了农奴制，为俄罗斯在十九世纪后半期的中兴奠定了基础，对外大举进行侵略扩张，在其统治下，侵占了大量中国领土，其势超过了历代沙皇

▲ 章体佩剑的圣安德烈勋章星章

神圣首勋：俄国第一圣徒安德烈勋章全史

▲ 亚历山大三世，亚历山大二世次子。在他统治期间，俄罗斯在总体上持续了繁荣和高速发展，但因单方面加强集权统治，最终导致社会隐患不断放大，成为俄罗斯帝国崩溃的深层诱因

▲ 加冕时的亚历山大三世，以链章方式佩戴着圣安德烈勋章

▲ 圣安德烈勋章大厅及御座，带有哥特式的环形穹顶，两排正方形的柱子和"全能眼"反射的光线照在沙皇的御座上，象征着神圣而庄严的皇权。御座坐落在一个有六级台阶的台子上，在隆重的礼仪场合，台子上要用华丽的貂皮帐篷来装饰

他的勋章星章，都禁止在上面佩剑。

随着俄罗斯帝国的衰亡，作为1917年二月革命的标志，临时政府取消了勋章图案中代表着君主制的符号，以代表共和制的雄鹰取代俄罗斯帝国的双头鹰，还取消了皇冠。勋章草图由著名艺术家比利宾（И. Билибиным）完成。由于这一时期整个俄罗斯异常混乱，这种经过共和制修改的勋章目前还没有发现实物例证。随后十月革命爆发了，宣告俄罗斯帝国勋赏体系的废止，也宣告俄罗斯帝国勋赏史的终结，其中也包括圣安德烈勋章。

▲ 佩戴圣安德烈勋章的骑兵上将伊拉里翁·瓦西里耶维奇·瓦西里奇科夫（Илларион Васильевич Васильчиков）。1792年以中士军衔在御前近卫骑兵团服役，1793晋升骑兵少尉，1801年成为少将和副官长，1803年被任命为阿赫特尔斯基骠骑兵团指挥官，在1812年卫国战争中位于第1集团军后卫与第2集团军结合部，在博罗季诺会战中负伤。晋升中将后指挥第4骑兵团，参加了塔鲁季诺和维亚济马战役，因战功于1813年1月31日获得265号三级圣格奥尔基勋章。1813年参加了包岑战役，并再次负伤，此后参加了莱比锡战役。1814年他又参加了一系列战役，因功勋于1814年1月17日获二级圣格奥尔基勋章。1817年开始指挥独立近卫团，1823年晋升骑兵上将，1831年获得伯爵称号。此后他一直在军队担任军职，1833年被任命为骑兵总监和阿赫特尔斯基骠骑兵团荣誉团长，1839年被授予公爵爵位

▲ 佩戴圣安德烈勋章的骑兵上将亚历山大·赫里斯托夫维奇·本肯多夫伯爵（Александр Христофорович Бенкендорф）。1798年被任命为御前近卫军谢苗诺夫团准尉，并成为沙皇保罗一世的侍从武官，1806~1807年参加过许多战役。1807~1808年在俄驻巴黎大使馆任职，1809年作为志愿者参加俄土战争，因鲁什丘克战役中的战功于1811年6月20日获四级圣格奥尔基勋章。在1812年卫国战争中，起初他作为亚历山大一世的侍从武官，负责沙皇与巴格拉季昂的联络，随后负责指挥一个后卫分队，参加了不同的战役，1812年9月16日晋升少将，在法军撤离莫斯科后曾被任命为首都要塞司令。在追击撤退法军中，他的分队俘虏了法军3名将军和超过6000名敌军。在1813年战事中负责指挥本肯多夫游击分队，获三级圣格奥尔基勋章。此后参加过多次战役，在莱比锡战役中负责指挥左翼骑兵。沙皇尼古拉一世对他非常信任，于1826年6月25日任命他为宪兵司令，政治侦查机构皇帝陛下办公厅第三厅首脑。此后他陪同沙皇参加了俄国与奥斯曼帝国的战争（1826~1829），1829年4月21日晋升骑兵上将，1832年获封伯爵

◀ 佩戴圣安德烈勋章的费多尔·彼得罗维奇·乌瓦罗夫（Фёдор ПетровичУваров 1773~1824），骑兵上将（1813），1787年开始服役，参加过1788~1790年俄瑞战争，1799年任近卫军重骑兵团团长，后参加了1805~1807年对法战争，1806年1月28日获129号三级圣格奥尔基勋章。1807年任近卫骑兵旅旅长，1810年参加了俄土战争（1806~1812），任摩尔达维亚集团军前卫指挥，并于1810年11月21日获40号二级圣格奥尔基勋章。在1812年卫国战争中任预备队骑兵第1军军长，参加了博罗季诺会战，战功卓著。1813年在亚历山大一世御前供职，在1813~1814年国外远征中参加了一系列作战，1821年任近卫军军长，同年起为国务会议成员。1823年12月12日获圣安德烈勋章

神圣首勋：俄国第一圣徒安德烈勋章全史

◀▼ 尼古拉二世的私人印章，其图案就是圣安德烈勋章挂章图案
供图/Hermann Historica

83

世界经典制服徽章艺术

俄罗斯帝国皇室纹章和个人纹章上圣安德烈勋章是不可或缺的图案。图中分别是图1皇太子大型纹章、图2亚历山大·费奥多罗夫娜个人纹章、图3沙皇纹章、图4亲王大型纹章、图5玛丽亚·亚历山德罗夫娜个人纹章

神圣首勋：俄国第一圣徒安德烈勋章全史

85

俄罗斯帝国皇室纹章和个人纹章上圣安德烈勋章是不可或缺的图案。图中分别是、图1玛丽亚·费奥多罗夫娜个人纹章、图2米哈伊尔·尼古拉耶维奇大公个人纹章、图3尼古拉·尼古拉耶维奇大公个人纹章、图4康斯坦丁·尼古拉耶维奇大公个人纹章

1

神圣首勋：俄国第一圣徒安德烈勋章全史

2

3

4

细品

作为俄罗斯帝国最高奖赏，圣安德烈勋章充分体现出了俄罗斯帝国自己的特点。勋章图案是头带金色皇冠的双头鹰形象，在双头鹰图案的前面是安德烈被钉在X形十字架上的形象，十字架上覆盖着蓝色珐琅，其上下四个臂端分别有四个拉丁字母"S/A/P/R"，代表着俄罗斯守护神圣徒安德烈。章体高86毫米，宽60毫米。虽然勋章条例规定其只有独立一级，但实际上钻石版才是最高等级。在挂章上钻石饰品有真品钻石，也有加工的金刚石制品，出现这种假钻石可能是由于勋章制作原材料的昂贵与缺乏，勋章获得者会把章上的假钻石替换成真钻石。

除了带钻石和不带钻石的勋章挂章以外，还有星章。这种星章也被称为圣安德烈十字勋章，源自圣安德烈勋章中的传统X形十字架。星章是较大的八角形银星，章体中央覆盖着蓝色的珐琅圆环，上面有俄文"为了信仰和忠诚"（За веру и верность）的铭文。星章佩戴在左胸，尺寸为82×82毫米。星章也存在一些变化。18世纪星章就已经出现，此时的星章采用皮革内衬，再在布料上面用金银线绣制成星状的章体。自1854年起，颁发刺绣星章的做法就停止了，自此勋章获得者将得到银质的星章。而实际上在1812年卫国战争中就已经开始出现金属材质制造的勋章星章，通常是银质或少量的金质，此时获得者不得不自费定制刺绣版星章。19世纪中期刺绣版的勋章星章被完全取代。

根据18世纪的画像，当时许多星章只有大的安德烈十字，而没有雄鹰。在伊丽莎白·彼得罗芙娜统治时期以后，星章又增加了用黑色珐琅制作的俄罗斯帝国雄鹰背景。18世纪下半叶，开始出现雄鹰、围绕的铭文、鹰胸部的十字，以及闪电标识和鹰爪抓着的

▼ 俄罗斯国家历史博物馆收藏的钻石版圣安德烈勋章

▼ 芬兰国家博物馆收藏的圣安德烈勋章

神圣首勋：俄国第一圣徒安德烈勋章全史

► 1902年德国出版的一本有关欧洲骑士勋章书籍里面的圣安德烈勋章图案

◄ 一枚布质圣安德烈勋章实物

▲ 因波尔塔瓦战役功勋而授予布留斯将军的圣安德烈勋章布质星章

◄ 1800年后的一枚刺绣版星章，保存在莫斯科克里姆林宫博物馆

◄ 1774年后的一枚刺绣版星章，保存在国家历史博物馆

花环。从19世纪中期开始，这些设计再次取消。
以下是通过线图表现的星章大致版本变化：

▲19世纪早期星章，银质，中央带镀金和珐琅

▲佩戴圣安德烈勋章的女沙皇伊丽莎白一世

▲19世纪早期星章，银质，中央带镀金和珐琅

▲约1810年，中央带刺绣"金属丝"星章

▲约1820年，中央带刺绣"金属丝"星章

▲ 约1820年,一枚质量极好的星章,银质,中央带镀金与珐琅

▲ 约1910年的星章,银质,中央带镀金与珐琅

▲ 约1860年,"切割钻石"风格星章,银质,中央带镀金和珐琅

▲ 19世纪晚期的星章,银质,中央带镀金与珐琅

▲ 约1882年至1899年圣彼得堡阿尔贝特·卡贝尔(Альберта Кейбеля)工场生产的挂章,尺寸为62×87毫米,由黄金与珐琅镶嵌而成,挂章上的矩形铭牌内有"АК"印记

神圣首勋：俄国第一圣徒安德烈勋章全史

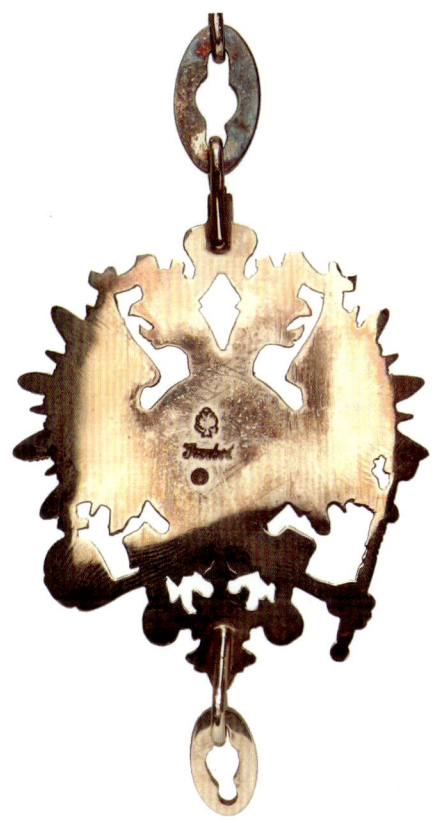

1856年左右由阿尔贝特·卡贝尔工场生产的全套圣安德烈勋章。供图/Fritz Rudolf Künker GmbH & Co. KG

1856年左右由阿尔贝特·卡贝尔工场生产的全套圣安德烈勋章。供图/Fritz Rudolf Künker GmbH & Co. KG

神圣首勋：俄国第一圣徒安德烈勋章全史

1856年左右由阿尔贝特·卡贝尔工场生产的全套圣安德烈勋章
供图/Fritz Rudolf Künker GmbH & Co. KG

▲ 爱德华（Эдуард）公司约于1903~1908年间生产的勋章挂章，尺寸为90.9×60毫米，重72.6克

▲ 尤里乌斯·卡贝尔（Юлиуса Кейбеля）工场生产的勋章星章，这个工场是1862~1882年官方的勋章供应商

神圣首勋：俄国第一圣徒安德烈勋章全史

约1800年生产的钻石版挂章，尺寸为130.5×87.8毫米，重161.75克，钻石45克拉，2008年6月索斯比拍卖行拍出，成交价为273万英镑，成为勋章拍卖中的世界纪录。供图/Sotheby's

世界经典制服徽章艺术

▲ 约1856年生产的圣安德烈勋章挂章,生产商为圣彼得堡的洛仑兹·亚历山大·林克尔工场。供图/Sotheby's

▶ 18世纪经过简化后只保留圣安德烈十字的圣安德烈勋章星章

神圣首勋：俄国第一圣徒安德烈勋章全史

▲ 约1820~1830年由私人作坊生产的勋章星章，尺寸为79×79毫米。属于私人作坊生产的极为罕见的金属制星章类型，因为官方生产的金属制星章样品1856年后才出现

▲ 19世纪后半叶的一枚圣安德烈勋章星章，请注意背后是转轮。供图/Кабинетъ

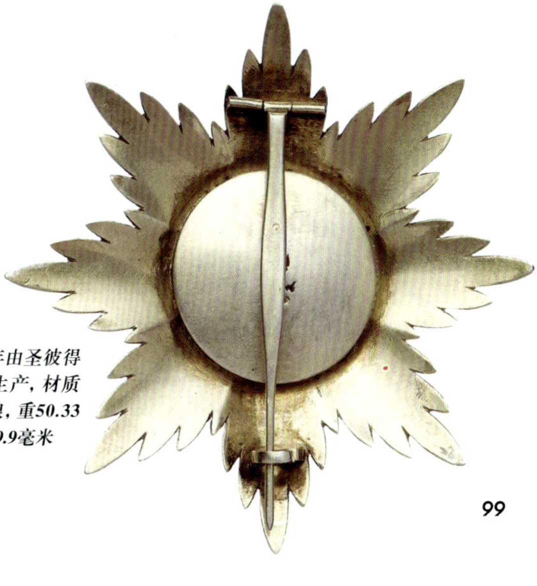

▲ 约1899~1904年由圣彼得堡卡贝尔制造厂生产，材质为银质镀金和珐琅，重50.33克，尺寸为90.7×89.9毫米

99

链章

在1797年勋章条例中，对圣安德烈勋章链章有着详尽的叙述，勋章链章由三种类型的小型挂章组成。第一种是小型的俄罗斯帝国纹章，即戴着皇冠的黑色展翅帝国双头鹰，爪子上抓着权杖和王球，鹰胸上带着珐琅莫斯科纹章。不论是开放还是闭合的每一条勋章链都带有这个基本组成部分。第二种是红色的珐琅花结，沿着外圈点缀着金色的条纹光束，中间穿过交叉的蓝色圣安德烈十字，涂有珐琅，在十字臂之间，红色背景上是金色的拉丁字母"S/A/P/R"，代表"俄罗斯守护者圣徒安德烈"。第三种是带有彼得大帝花体缩写图案的蓝色珐琅漩涡花饰，完整的花饰由上面的皇冠和两边的军事战利品白色和绿色的军旗、大炮等组成。所有这些基本组成部分采用金质环来相互连接。

圣安德烈勋章链章图案

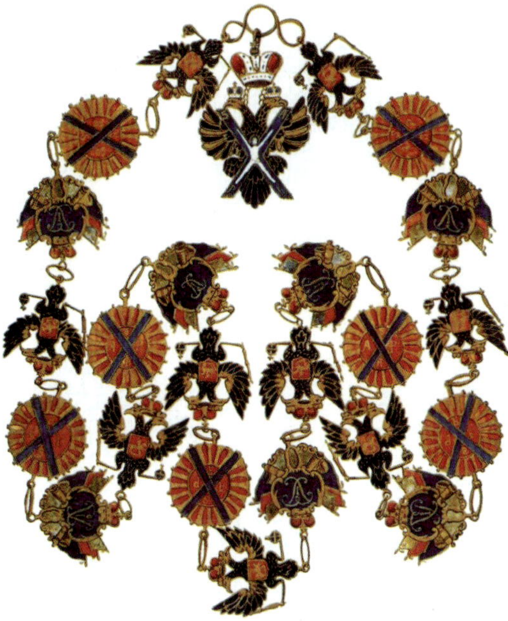

神圣首勋：俄国第一圣徒安德烈勋章全史

▲ 俄罗斯圣彼得堡赫米蒂奇国家博物馆中关于圣徒安德烈勋章链章的插图

▼ 约1862~1882年间生产的一枚圣安德烈勋章链章。
供图/Кабинетъ

▲ 圣安德烈勋章项链饰物细节

101

世界经典制服徽章艺术

▲ 著名肖像画家弗博罗维科夫斯基（Владимир Боровиковский）所作的保罗一世第二位妻子，亚历山大一世和尼古拉一世的母亲，皇后玛丽亚·费奥多罗夫娜（Марии Федоровны, 1759~1828）肖像画，原画尺寸82×71厘米，画面上皇后佩戴着圣安德烈勋章。画家真实描绘了勋章链章，请注意上面的细节

链章也存在过变化，在安娜·伊凡诺夫娜女皇统治时期，曾用她的花体缩写代替了彼得大帝的花体缩写，而后来的伊丽莎白·彼得诺夫娜女皇又给改了回去。

◀▲ 精美的勋章挂链与星章装在包装盒内的样式

102　Militaria Collection Publication

神圣首勋：俄国第一圣徒安德烈勋章全史

▲ 勋章项链的包装盒，尺寸规格为385×235×40毫米

◀ 不知名厂商生产的圣安德烈勋章链章及包装盒

世界经典制服徽章艺术

▲ 装在包装盒当中的1835年勋章链章，重446克，由23件小徽章组成

神圣首勋：俄国第一圣徒安德烈勋章全史

▲ 装在包装盒当中的1836年勋章挂章

▲ 装在包装盒当中的圣安德烈勋章星章和链章，1882年由A·卡贝尔工场制造

▲ 装在包装盒当中的圣安德烈勋章星章和链章，1857年由W·卡贝尔工场制造

世界经典制服徽章艺术

▲ 阿尔贝特·卡贝尔工场约于1882~1898年生产的链章，长1070毫米，重261.8克

神圣首勋：俄国第一圣徒安德烈勋章全史

▲ 尤里乌斯·卡贝尔工场约于1863~1882年生产的链章，砸有厂标。供图/The New York Sale

佩戴方式

在前文中实际上已经提到，圣安德烈勋章的佩戴方式有两种，大绶和颈绶。大绶就是将圣安德烈十字勋章钉在宽100毫米的天蓝色绶带上，从右肩斜挎到左肋下的佩戴方式。这种天蓝色绶带在其他国家的勋章上也有采用，包括英格兰的最高勋章嘉德勋章、法国的圣灵勋章、丹麦的白象勋章、瑞典的六翼天使勋章。除了大绶外，也可以在一些隆重的正式场合，用上面介绍的链章方式佩戴在脖子上。

▲ 以链章方式佩戴着圣安德烈勋章的亚历山大一世的妻子伊丽莎白·阿列克谢耶夫娜皇后（Елизаветы Алексеевны，1779~1826）

▲ 以链章方式佩戴着圣安德烈勋章的谢尔盖·亚历山德罗维奇大公（Сергей Александрович，1857~1905）画像。他是亚历山大二世的儿子，曾任莫斯科总督、莫斯科军区司令

◀ 1880年前后由宫廷摄影师拍摄的亚历山大三世的妻子，皇后玛丽亚·费奥多萝夫娜（Марии Федоровны）身着御前近卫骑兵团制服，佩戴着圣安德烈勋章

▶ 出席1902年英国爱德华七世加冕典礼的米哈伊尔·米哈伊洛维奇（В.К. Михаил Михаилович 1861~1929）大公。他是尼古拉一世的孙子，不爱江山爱美人的典型代表，与俄国著名大诗人普希金的外孙女索菲亚结婚，最后拒绝接受行将就木的皇位，俄罗斯帝国王朝正式灭亡

神圣首勋：俄国第一圣徒安德烈勋章全史

▼ 挂满包括圣安德烈勋章在内的勋赏章的康斯坦丁·康斯坦丁诺维奇大公制服

专用勋服

勋章条例包括了勋章获得者制服的描述，获得者们参加勋章日在宫廷举行的招待会或者是在皇帝指定的日子里穿着这种勋服。

勋服由以下服饰组成：

1. 一件绿色长天鹅绒斗篷，衬里为白色的塔夫绸带有银色的锦缎领，采用银色带穗带子系紧，左胸缝有尺寸比正常规格更大一些的星章；

2. 一件带有金色系带的织锦白色大背心，在胸前有类似十字刺绣图案；

3. 一顶黑色天鹅绒帽，带有红色羽毛和采用质量优异的蓝色丝带刺绣的圣徒安德烈十字。

在勋章纪念日这一天，勋章获得者们集中起来，盛装出席在彼得堡圣安德烈大教堂进行的盛大祈祷庆祝仪式。庆祝仪式后，要参加在宫殿内由勋章金库出资举办的盛大宴会，宴会用的餐具也跟勋章有关，都是带有勋章图案的特制餐具，在这之后，到其他勋章获得者家中拜访。

▲1797年圣安德烈勋章勋服的插图

▲谢苗·伊万诺维奇·莫尔德维诺夫（Семён Иванович Мордвинов 1701~1777）海军上将。1731~1734年任阿斯特拉罕港司令，1734年退役，1740年起重返波罗的海舰队服役，七年战争时期指挥舰船队对普鲁士作战。1762年起任海军改进委员会委员并于1763年成为主席。他发明了许多航海仪器，创造了海军信号简语。这张画像上他身着圣安德烈勋章专用勋服

▲身着圣安德烈勋章专用勋服的安德烈·乌沙科夫

神圣首勋：俄国第一圣徒安德烈勋章全史

▲ 著名肖像画家弗博罗维科夫斯基1801年所作ГГ·库舍列夫（Григория Григорьевича Кушелева，1754~1833）伯爵肖像画，尺寸135×110厘米。他于1798年晋升为海军上将，并出任海军院副院长，1799年2月22日获最高勋章，注意其身着文中介绍的勋服

▲ 亚历山大·鲍里索维奇·库拉金（Александр Борисович Куракин，1752~1818），1796年任枢密院议员，获得一级圣弗拉基米尔大公勋章和圣安德烈勋章，1806年7月起任驻维也纳大使，1808年7月~1812年任驻巴黎大使，身上披着勋服

颁授规定

圣安德烈勋章颁发条例写道，勋章作为一种奖赏，授予忠诚、勇敢和其他为祖国建立的功勋，以鼓舞和奖励这些崇高的英雄业绩。这不仅包括在战斗中为国家和皇帝建立的功勋，也包括民事官员为国服务的功绩，两者得到的激励和肯定都是一视同仁的。勋章这一清晰可见的标识是一种巨大的荣誉，是对这些功绩的一种奖赏，是崇高的敬意和对荣耀的赞许。获得钻石版圣安德烈勋章更是一种特别显赫的荣誉。获此勋章，不仅可以自动获得其他帝国勋章，低级别军事将领将自动提升为陆军中将或海军上将。授予这种最为尊贵勋章的权力只属于沙皇本人。

颁发条例同时详细规定了可以获得该勋章的官职等级，只有三级以上公职人员才有资格获此荣誉。同时也规定了被控告和调查的人员不能授予。对于授予拥有皇室尊贵血统的人员，保罗一世正式批准并使之合法化，帝王家族的男性成员在受洗时，帝王家族后裔的亲王在达到法定年龄时，都将自动获得圣安德烈勋章。

获得圣安德烈勋章，不仅可以获得名誉上的提升，还能同时获得领地和其他赠品。例如针对12位获最高奖赏者，还有一项特权规定，按资历的高低，最高的3位获勋者每人可以获得1000名农奴，此后4人每人获得800名农奴，剩下5人每人获得700名农奴。这是一项终身特权，当勋章获得者死亡后，这些可怜的农奴将按资历转给下一位勋章获得者。1797年勋章条例还确定，在莫斯科和圣彼得堡建立医院，负责为勋章获得者提供特殊的护理和照料，在任何时候这两个医院院长都由帝国皇后陛下从勋章获得者当中任命。在1858年1月25日，还确立了一个更为细致的规定："如果一名高级长官，佩戴着圣安德烈勋章饰带或勋章链，当经过内部警卫或哨位时，即使在日落之后，警卫或哨兵必须展示武器并向他敬礼。"1892年勋章条例中又增加特权，12位资历最老的勋章获得者（包括3位神职人员）中，资历最高的6位勋章获得者每年获得养老金1000卢布，其余每人每年获得800卢布。

神圣首勋：俄国第一圣徒安德烈勋章全史

1908年左右制造的一套钻石版圣安德烈勋章

113

世界经典制服徽章艺术

▲ 苏富比拍卖行2008年拍卖的一套圣安德烈勋章,由圣彼得堡的爱德华工场制造。供图/Sotheby's

神圣首勋：俄国第一圣徒安德烈勋章全史

▲ 关于圣安德烈勋章链章描述的帝国文件原文

▲ 属于保罗一世的圣安德烈勋章链章图样

▼ 用于圣安德烈勋章获得者的两套勋章餐具

俄罗斯帝国勋章还有另一项规定，就是勋章获得者要向国家金库一次缴纳一定数额的钱款用于慈善事业，具体数目依奖赏而定。圣安德烈勋章获得者在保罗一世统治时期缴纳的为500卢布，在这笔款项中，125卢布每年都通过国家金库转给亚历山大委员会用于帮助残疾人，如果获得者得到的是佩剑勋章，则需另外再支付250卢布。相对于获得这种勋章带来的名与利上的收益来说，这点付出微不足道。

▲ 一套餐具中的盘子，用于为圣安德烈勋章获得者服务，约1778~1780年由弗朗茨·加德纳厂制造

神圣首勋：俄国第一圣徒安德烈勋章全史

部队荣誉标识

在十月革命前，俄军有十多个禁卫团部队的标识采用了这个最高等级勋章中的要素，包括将星章上的十字架和天蓝色绶带作为部队荣誉标识。其中有3个禁卫步兵团采用圣安德烈勋章标识，即普列奥布拉任斯科耶禁卫团（俄军近卫军最早的两个团之一，另一个近卫团是谢苗诺夫斯科耶禁卫团）、莫斯科近卫龙骑兵团和皇后玛丽亚费奥多萝芙娜团。有意思的是，这种代表着崇高荣誉的符号也出现在了精锐近卫部队的军帽上、子弹袋上，甚至出现在铺在近卫骑兵马鞍下的毛毯上。

19世纪末到20世纪初，许多俄罗斯团级部队庆祝部队成立100周年或150周年，作为彰显其部队悠久资历的一部分，也纷纷采用这种代表着最高荣耀的圣安德烈勋章图案，来作为自己精锐部队的标识。但使用这一标识要由沙皇或战争部长批准。不仅精锐的禁卫团团徽采用了圣安德烈勋章图案要素，还有12个步兵团将圣安德烈勋章星章和绶带用在团徽上，第11普斯科夫（Псковский）步兵团和第13弗拉基米尔（Владимирский）枪骑兵团也用圣安德烈勋章上的十字架图案作为部队徽章标识。

◀ 沃林斯基禁卫教导团团徽，其主体部分就是圣安德烈勋章星章图案。供图/Hermann Historica

◀ 1910年左右尼古拉骑兵学院士官生帽徽，上面有圣安德烈勋章星章图案。供图/Hermann Historica

117

世界经典制服徽章艺术

◀ 由近卫和陆军军官佩戴的带有圣安德烈勋章星章的徽章

▼ 带有圣安德烈勋章星章图案的军官望远镜皮盒。供图/Hermann Historica

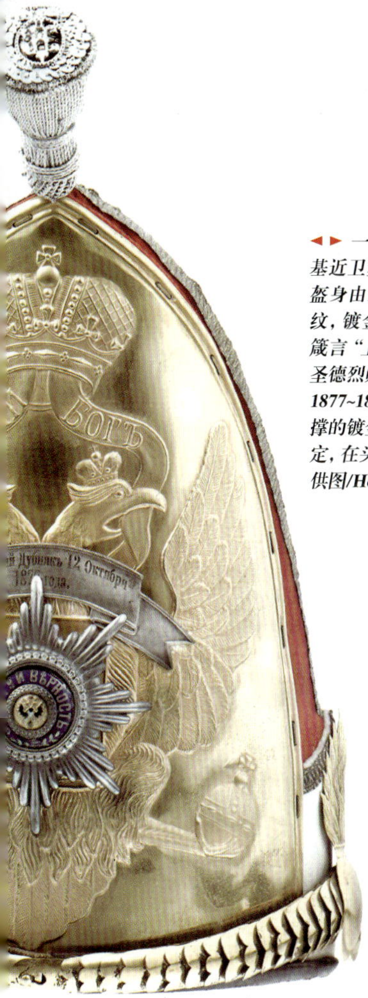

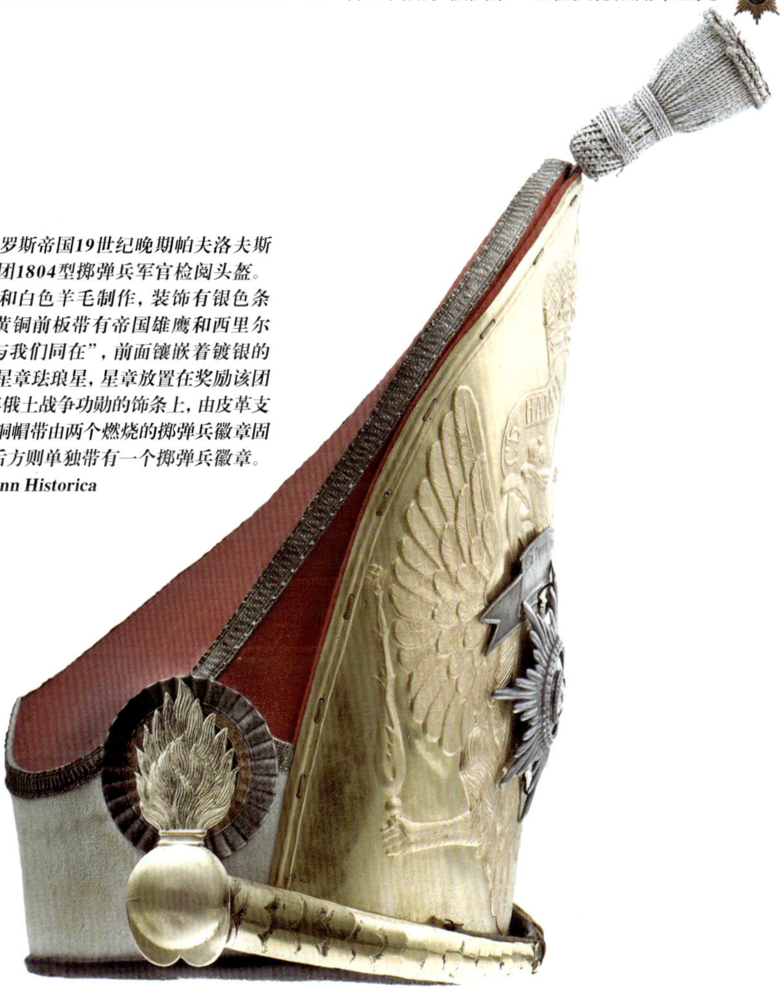

神圣首勋：俄国第一圣徒安德烈勋章全史

◀▶ 一顶俄罗斯帝国19世纪晚期帕夫洛夫斯基近卫步兵团1804型掷弹兵军官检阅头盔。盔身由红色和白色羊毛制作，装饰有银色条纹，镀金的黄铜前板带有帝国雄鹰和西里尔箴言"上帝与我们同在"，前面镶嵌有镀银的圣德烈勋章星章珐琅星，星章放置在奖励该团1877~1878年俄土战争战功勋的饰条上，由皮革支撑的镀金黄铜帽带由两个燃烧的掷弹兵徽章固定，在头盔后方则单独带有一个掷弹兵徽章。供图/Hermann Historica

▼ 带有圣安德烈勋章星章图案的禁卫骑兵军官望远镜皮盒。供图/Hermann Historica

世界经典制服徽章艺术

◀ 1910年左右近卫骑兵团使用的尖顶盔，正面即以圣安德烈勋章作为主要标识。供图/Hermann Historica

▶ 1910年左右近卫枪骑兵团军官使用的尖顶盔，正面也以圣安德烈勋章作为主要标识。供图/Hermann Historica

▼ 格奥尔基·尼古拉耶维奇大公使用过的阅兵盔，以圣安德烈勋章作为主要标识。供图/Hermann Historica

▶ 一顶近卫轻骑兵团军官使用的平顶盔，正面以圣安德烈勋章星章作为帽徽。供图/Hermann Historica

120　Militaria Collection Publication

授予情况

在圣安德烈勋章设立后，第一枚勋章于1699年3月10日由著名元帅、外交家费多尔·阿列克谢耶维奇·戈洛温伯爵（Фёдор Алексеевич Головин，中文名费岳多）获得。他是彼得一世的亲密支持者，具有伟大和杰出的军事和外交才能。费岳多为了俄罗斯的利益与中国签订了《尼布楚条约》，明确规定了中俄东段边界。条约签订后他深得俄皇彼得一世的宠信，并获得海军元帅、陆军元帅、伯爵等头衔，后死于1706年。他获得的海军元帅军衔在十月革命前也只有6人获得。

第二位勋章获得者是乌克兰盖特曼首领马泽帕（И. С. Мазепа），1700年2月8日彼得一世亲自将此勋章交到他的手中。尽管彼得一世对马泽帕的信任一如既往，给予他各种荣誉，但由于沙皇绝不允许其在政治上保持独立性，这位盖特曼在1708年于北方战争中投靠了瑞典人。马泽帕是一位有争议的历史人物，他曾经是彼得一世的宠臣和忠实走卒，最后却背叛了这位沙皇，他曾经是俄国的附庸，又背叛了俄国。他这样做也是为了乌克兰，俄国政府则把他的"叛逆"当作加快废除乌克兰自治进程的口实。

第三枚圣安德烈勋章授予了驻俄罗斯大使普鲁士王子路德维希，他也成为首位获得这一俄罗斯帝国最高勋章的外国人士。第四枚勋章于1701年12月30日，因为战胜瑞典人而授予了俄国元帅舍列梅捷夫（Борис Петрович Шереметев，1652~1719）。

1703年5月7日拂晓，瑞典海军两艘军舰在涅瓦河口尼延尚茨城堡不远处抛锚，彼得决定夺取这两艘瑞舰。装备步枪和手榴弹的两支小队伍，一支由彼得率领，另一支由缅希科夫（А.Д. Меншиков）率领，隐蔽接敌并经过接舷搏斗他们最终缴获了这两艘战舰。彼得大帝因为自己这一特别的军事功绩而获得了第七枚圣安德烈勋章，参加该战斗的彼得的战友缅希科夫也获得了该勋章。在获得圣安德烈勋章同时，缅希科夫获准自己出资建立一支卫队，这可是除沙皇外没人享有过的权力。缅希科夫出身低微，当过宫廷马夫，还当过彼得一世的勤务兵，这位文盲因受到沙皇的喜欢而飞黄腾达。关于他获得的勋章，还有一件趣事。1715年11月6日，他在阿夫斯捷里亚饭店里庆祝自己生日的宴会上喝了不少烈性饮料，第二天发现勋章丢了，于是他命人当众宣布奖赏拾到勋章的人200卢布，但最后并未完全兑现诺言，这位当时俄罗斯的首富只给找到他勋章的人190卢布。缅希科夫除了爱慕虚荣贪得无厌外，还想掌握国家大权，因而采取了与皇室联姻这一古老的捷径，将自己的长女许配给太子。在叶卡捷琳娜女皇逝世后，继位的彼得二世送给缅希科夫的第一份礼物就是大元帅和海军主帅称号，同时将一枚圣安德烈勋章授予了缅希科夫的儿子，缅希科夫的女儿玛丽娅因为是沙皇的未婚妻挂上了圣叶卡捷琳娜勋章，缅希科夫的妻子当上了沙皇首席侍从官，并且获得了圣亚历山大·涅夫斯基勋章。后来缅希科夫把持朝政，引起其他贵族的强烈不满，失宠后被新沙皇彼得二世流放，在流放路上缅希科夫一家人被收回了全部勋章，包括沙皇送给前未婚妻的戒指，同时也退回了缅希科夫女儿送给沙皇的戒指。真可谓一朝天子一朝臣，缅希科夫最后死在了偏僻荒芜的流放地西伯利亚。

在彼得一世统治时期，彼得按照勋章条例的规定，每年授予勋章数量不超过条例规定的12位俄罗斯人，而由于其他勋章是后来才设立的，因此作为俄罗斯最高荣誉的圣安德烈勋章他颁授得也就极少。他在位期间总共只颁发了38枚该勋章，其中24枚授予了俄罗斯人，14枚授予了外国人，其中也包括秘密授予俄罗斯同情者。在这38位受勋者当中，有5人是因在1709年6月的波尔塔瓦战役期间的勇敢表现而获得该勋章。波尔塔瓦战役是一场名副其实的浴血恶战，其结果决定性地改变了整个北方战争的进程。对俄国而言，它获得了领土和对波罗的海沿岸地区的控制权，从此踏上了梦寐以求的进入欧洲强国行列的道路。为

▲ 佩戴着圣安德烈勋章的费岳多伯爵肖像画。有意思的是他还在金庸的《鹿鼎记》里面出现过

▲ 亚历山大·丹尼洛维奇·缅希科夫（1673~1729），俄国国务活动家和军事家，大元帅，女皇叶卡捷琳娜一世和沙皇彼得二世执政时的执掌实权者，俄国著名的权臣

▲ 佩戴圣安德烈勋章的瓦西里·米哈伊洛维奇·多尔戈鲁科夫-克林斯基，他曾任莫斯科总督

◀ 以大授形式佩戴圣安德烈勋章的库拉金画像

▼ 被誉为"天才的俄国历史画家"苏里柯夫的不朽画作《缅希科夫在贝列佐夫镇》，生动描绘了曾经权倾一时的缅希科夫一家的悲惨结局

神圣首勋：俄国第一圣徒安德烈勋章全史

▲ 佩戴圣安德烈勋章的雅各布·西维尔斯，他曾任利窝里亚总督

▲ 佩戴圣安德烈勋章的阿列克谢·伊万诺维奇·瓦西里耶夫

了纪念这次"极其伟大、辉煌的胜利"，参加会战者每人获发纪念战役奖章一枚，军官为金质，士兵为银质。列宁历史博物馆陈列的一枚圣安德烈勋章星章，是授予布留斯将军的，他是波尔塔瓦战役时期彼得一世的副手，他统率俄军所有炮兵进行了战斗，指挥步兵的则是缅希科夫。彼得也打算设立一种授予士兵和军士的低级的圣安德烈十字勋章，并制造了7枚小十字勋章样品，但最终结局不得而知。

彼得的妻子叶卡捷琳娜即位后，共计颁发了18枚圣安德烈勋章，其中6枚授予了外国人。彼得二世在位时期颁发了5枚勋章，安娜·伊万诺芙娜女皇颁发了24枚，其中第一枚授予了她自己，授予俄罗斯大公的仅有4枚。伊丽莎白女皇在位时期颁发了83枚给她的臣民，包括未来的元帅鲁缅采夫（П. А. Румянцев-Задунайский）。在勋章颁发年份中，1719年仅有12位俄罗斯人获得了这一最高奖赏（不包括为俄罗斯做出贡献的外国人），在其他年份勋章获得者包括俄罗斯与非俄罗斯人都不超过24人。叶卡捷琳娜二世在位时期颁发了超过100枚勋章，这其中有她的宠臣，还有皇室家族成员，以及卓越的外交官和将军们。

▲ 佩戴圣安德烈勋章的尼古拉·彼得洛维奇·谢列梅捷夫伯爵（Николай Петрович Шеремете）

▲ 叶卡捷琳娜女皇的宠臣格里戈里·格里戈里耶维奇·奥尔洛夫（Григорий Григорьевич Орлов），他组织政变拥立叶捷卡琳娜为沙皇，此后成为其亲密顾问

▲ 阿列克谢·格里戈里耶维奇·奥尔洛夫（Алексей Григорьевич Орлов），格里戈里的弟弟，俄国上将。一开始在近卫普列奥布拉任斯科耶团当兵，1762年升为中士，1772年拥立叶卡捷琳娜二世宫廷政变的主要参加者。1768~1774年俄土战争期间率俄国舰队在地中海作战，1768~1769年，他率俄海军若干分舰队由波罗的海转移至地中海。因在1770年切什梅海战中获胜，获得在姓氏后加"切什梅"尊号的权利。退役后创办养马场，培育了一种良种马——奥尔洛夫大走马

▲ 佩戴圣安德烈勋章的亚历山大·瓦西里耶维奇·苏沃洛夫（Алекса́ндр Васи́льевич Суво́ров, 1730~1800），俄国伟大的军事家、军事理论家、战略家、统帅，俄国军事学术的奠基人之一，大元帅、奥军元帅、雷姆尼克伯爵、古意大利公爵。在法国革命前，苏沃洛夫的名气就让敌人胆寒

1796年至1801年在位的保罗一世统治时期，总计颁发了231枚圣安德烈勋章，获得者中包括第一位神职人员大主教加夫里尔二世。在1768~1908年俄国共授予了32位神职人员这一最高荣誉，因为俄帝国把东正教作为国教，把教会作为国家机器的一部分，使之为其统治服务，因此对东正教采取了扶植、保护、发展和利用的政策。

在获授俄罗斯帝国最高奖赏的著名军事人物当中，有陆军元帅 П．А．鲁缅采夫、波将金（Г．А．Потемкин）、库图佐夫、阿普拉克辛（С．Ф．Апраксин）、沃龙佐夫（М．С．Воронцов）步兵上将和叶尔莫洛夫（А．П．Ермолов）炮兵上将等。而将帅云集当中最为著名的当数俄罗斯统帅 А．В．苏沃洛夫了。还要提及一点，苏沃洛夫的父亲，瓦西里·伊万诺维奇·苏沃洛夫是彼得大帝的侍从官，也是一位非凡的人物，最后官拜上将，获得过圣安德烈勋章，此外还曾获得过圣安娜勋章、圣亚历山大·涅夫斯基勋章等，但他的儿子青出于蓝，成就了比他父亲更大的伟业。

神圣首勋：俄国第一圣徒安德烈勋章全史

▲ 佩戴圣安德烈勋章的米哈伊尔·伊拉里奥诺维奇·戈列尼谢夫·库图佐夫（Михаи́л Илларио́нович Голени́щев-Куту́зов, 1745~1813），俄国元帅，伟大的军事家，指挥了1812年卫国战争

▲ 佩戴圣安德烈勋章的斯捷潘·费奥多罗维奇·阿普拉克辛（Степан Фёдорович Апраксин, 1702~1758），俄国元帅，七年战争中指挥俄军作战

◀ 佩戴圣安德烈勋章的费多尔·费多罗维奇·贝格伯爵（Фёдор Фёдорович Берг），俄国陆军元帅（1865）、外交家、军事测量学家，参加过1812年卫国战争、1813-1814年俄军国外远征、1828~1829年俄土战争和1830年波兰起义。1823年和1825年率领军事考察队赴中亚考察。1843年任总司令部军务总监，领导绘制俄军地图。1855年任芬兰总督和驻军司令，1863~1866年任驻波兰最后一任总督，国务会议成员，1870年当选俄地理学会名誉会员。他获得的奖赏有圣安德烈勋章、一/二/三/四级圣弗拉基米尔大公勋章、圣亚历山大·涅夫斯基勋章、一/二/三/四级圣安娜勋章、白鹰勋章、三级圣格奥尔基勋章、金质武器以及一些国外勋章

　　亚历山大一世统治时期也是俄罗斯帝国历史上荣耀的一页。由于1812年卫国战争，各种帝国奖赏进行了大量颁发，尤其是授予军事功勋的奖赏。在卫国战争及以后的俄军国外远征中，共颁发了7枚圣安德烈勋章用以褒奖军事功勋。1812年12月4日，骑兵上将、基辅方向第三集团军司令托尔马索夫（А.П. Тормасов）获得了圣安德烈勋章。1813年5月20日，当时任俄普联军总司令，后成为陆军元帅的维特根施泰因（П.Х. Витгенштейн）因为战功也获得了该勋章。1813年9月7日，后来的陆军元帅巴克莱-德-托利（М.Б. Барклай-де-Толли）获得该勋章，在1812年卫国战争中，他是俄军第1集团军总司令。此外此章

125

还授予了骑兵上将普拉托夫（М.И. Платов），他在卫国战争和俄军远征中任哥萨克军长，在博罗季诺会战中对敌军后方进行了成功的袭击。另一位是步兵上将米洛拉多维奇（М.А. Милорадович），他在博罗季诺会战中指挥第1集团军右翼，法军从莫斯科撤退时指挥俄军前卫，在国外远征中指挥禁卫军。1814年5月3日将军兰热龙（А.Ф. Ланжерон）因攻占巴黎而获此勋章。5月19日，将军奥斯滕-萨肯（Ф.В. Остен-Сакен）由于在1月20日的拉罗蒂耶尔战役中的功勋而获得此章。这里需要说明的是，这7枚都不是最高级的钻石版勋章。

现今有一枚属于俄罗斯著名的军事指挥官、名将彼得·伊万诺维奇·巴格拉季昂（П.И.Багратион）步兵上将的圣安德烈勋章藏品陈列在列宁历史博物馆。他是1812年卫国战争的英雄，俄国军事统帅苏沃洛夫和库图佐夫的信徒和伙伴。这件珍贵的圣安德烈勋章是巴格拉季昂曾经佩戴过的，当时他在博罗迪诺战役中任第2集团军司令，在激战中他带领骑兵反击法军而负伤，1812年9月12日，巴格拉季昂因为伤势过重不治身亡。

在获得圣安德烈勋章的其他人物当中，政治家有别兹博罗德科、拉祖莫夫斯基（А.К.Разумовский）、

▲ 佩戴圣安德烈勋章的康斯坦丁·尼古拉耶维奇大公（Константин Николаевич 1827~1892），海军元帅，尼古拉一世的次子。1827年9月9日生，10月2日即同时获得圣安德烈勋章、圣亚历山大·涅夫斯基勋章、白鹰勋章、一级圣安娜勋章。1844年，他被任命为双桅帆船"尤利西斯"号（Улисс）舰长。1846年晋升为上校，1850年起任国务会议成员、海军条令修改委员会主席和军械临时委员会主席，1852年起任海军总司令部副参谋长，1853年代理海军大臣，1855~1881年任海军大臣，1857年起任农民事务总委员会委员，1860年起任农民事务总委员会主席，1862~1863年任波兰王国总督，1865~1881年任国务会议主席

▲ 佩戴圣安德烈勋章的尼古拉·尼古拉耶维奇大公元帅（老尼古拉）。尼古拉一世之子，参加过克里木战争，1861年任近卫军军长，1864~1880年任近卫部队司令和彼得堡军区司令，同时兼任骑兵总监（1864~1891），在俄土战争中任多瑙河集团军总司令

▲ 佩戴圣安德烈勋章的尼古拉·瓦西里耶维奇·列普宁（Николай Васильевич Репнин 1734~1801），俄国元帅、外交家，参加过七年战争、俄土战争（1768~1774及1787~1791），历任师长、代理俄军总司令等职

托尔斯泰（П.А.Толстой）、切尔卡斯基（А.М.Черкасский）等。这其中还有最著名的俄罗斯地理学家和探险家谢苗诺夫-天山斯基，1857年，他从俄国的维尔诺出发，前往大山地区进行探察，考察回国后写成《天山游记》一书，名声大振并因此被沙皇授予"天山斯基"的称号。在圣安德烈勋章获得者当中，有一些是俄罗斯贵族，包括王子等达官显贵，这其中又以亲王戈利岑（Голицыным）所获勋章最多，共计16枚！其中就包括了圣安德烈勋章。

获此俄罗斯帝国勋章的外国人，都是响当当的人物，其中最为著名的当属拿破仑一世。在1807年6月26日，由于需要签订《蒂尔西特和约》，为了表示诚意，亚历山大一世指示当时驻维也纳大使库拉金（Куракин）公爵，送给法国人五枚圣安德烈勋章，

▶ 佩戴圣安德烈勋章的亚历山大·安德烈耶维奇·别兹博罗德科(Александр Андреевич Безбородко)，政治家、外交家，对叶卡捷琳娜二世非常有影响力的外交顾问，1791年获圣安德烈勋章。叶卡捷琳娜二世的遗嘱显然是在他的帮助下被销毁的，保罗一世因此评价他"这个人对我来说是上帝的恩赐"，沙皇把自己的雕像赠予他，还有钻石版的耶路撒冷圣约翰勋章和爵位，同时还有3万俄亩土地和6千名农奴

▲▼▶ 奥斯特曼·托尔斯泰伯爵获得圣安德烈勋章时配送的展示盒。供图/The New York Sale

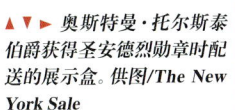

▲ 俄罗斯地理学家和探险家谢苗诺夫-天山斯基（П.П.Семенов-Тян-Шанский）

▲ 佩戴圣安德烈勋章的枢密官、慈善家，圣彼得堡艺术学院院长，公共图书馆馆长，后负责在圣彼得堡建设喀山大教堂的斯特罗加诺夫伯爵（Строганов Александр Сергеевич，1733~1811）

▲ 佩戴圣安德烈勋章的亚历山大·米哈伊洛维奇·戈尔恰科夫（Александр Михайлович Горчакова），俄罗斯外交家，政治家。出身贵族家庭，属于俄国自由改革派，在圣彼得堡"皇庄学校"学习，与普希金一起毕业，19岁进入外交界，1856~1882年任俄国外交大臣，就任后对外交部进行了机构改革，对日后的俄罗斯外交产生了深远的影响

▲ 佩戴圣安德烈勋章的都主教菲拉列塔（Филарета），注意其勋章佩戴方式不同于文字中介绍的样式。从图中分析，很有可能只有宗教人士才采用此种独特方式佩戴以示区别，但因没有查到相关资料无法确定

神圣首勋：俄国第一圣徒安德烈勋章全史

分别授予了拿破仑一世、拿破仑之弟热罗姆·波拿巴、缪拉元帅、贝尔蒂埃元帅和外交部长法国公爵塔列朗等。法国人则回赠五枚1802年由拿破仑设立的荣誉军团勋章。1815年圣安德烈勋章被授予了另一位非俄罗斯人，著名的英国陆军元帅惠灵顿公爵，他在抵抗拿破仑大军的战争中任联军总司令，两位俄罗斯帝国最高勋章外国获得者惠灵顿和拿破仑在滑铁卢决出了最终的胜负。

在勋章条例中本来剥夺了女性获得这一最高荣誉的可能，但叶卡捷琳娜皇后开创了例外。作为彼得一世的妻子，她在1724年加冕成为女皇这一天自授了这一象征她君主权威的勋章，成为第一位圣安德烈勋章女性获得者。与她的情况类似，安娜·伊凡诺芙

▲ 佩戴圣安德烈勋章的弗里德里希·奥古斯特

▲ 保存在冬宫军事画廊的肖像画，阿瑟·韦尔斯利·惠灵顿公爵（1769~1852），英国陆军元帅。在抗击拿破仑法国的战争中任比利牛斯半岛联军总司令。1815年在滑铁卢交战中指挥英荷联军。1827年起任英国陆军总司令，此后兼任过首相、外交大臣

▲ 拿破仑在迎接蒂尔西特普鲁士王后，注意这幅画上拿破仑佩戴有圣安德烈勋章

129

世界经典制服徽章艺术

▲ 德米特里·阿列克谢耶维奇·米柳京伯爵（Дмитрий Алексеевич Милютин），俄国陆军元帅，彼得堡科学院名誉院士，出身于贫穷的贵族家庭，1836年毕业于军事学院，曾参加普柳沙尔《百科辞典》（10~15卷）和泽杰列尔《军事百科辞典》（2~8卷）的编纂工作。1839~1844年在高加索任职，并在战斗中负过伤，1843年起任高加索防线和黑海沿岸地区军队作战部部长，1845年起先后任军事学院军事地理教研室和军事统计学教授，1848年起除了军事研究，任陆军大臣特别事务协理军官。1856~1859年任高加索军队总司令部参谋长，1860起任副陆军大臣，1861~1881年任陆军大臣，在60~70年代，实行了军事改革，在1874年实行普遍义务兵役制，并在任职期间成立了总参谋部。1874年获圣安德烈勋章

▲ 佩戴圣安德烈勋章的末代沙皇尼古拉二世，亚历山大三世长子，罗曼诺夫王朝最具悲剧色彩的末代君主

娜、叶卡捷琳娜二世成为女皇的同时也分别自授了这种最高级勋章。除此之外，大部分获得者都是皇后级的人物。还有一位女性获得者不是女皇，而是公主安娜·利奥波德芙娜（Анны Леопольдовны），她是年幼的伊凡六世的母亲。

在俄罗斯帝国时期，盘点下来，圣安德烈勋章颁发了约900枚（也有资料给出的数据是900~1000枚等），其中1699~1725年40枚，1726~1796年231枚，1801~1916年600多枚。俄罗斯帝国的最后一枚圣安德烈勋章授予了拥有皇室血统的罗曼·彼得罗维奇公爵（Роман Петрович，1896~1978）。

圣安德烈勋章从由俄罗斯最伟大的沙皇彼得大帝设立，到末代沙皇尼古拉二世被推翻后废止，见证了俄罗斯帝国由盛到衰直到覆灭的整个过程。在这个俄罗斯帝国最高等级的勋章上，对俄罗斯帝国的崩溃也有过预兆。亚历山大三世死后，1896年5月26日，在莫斯科圣母大教堂举行了新沙皇的加冕典礼，尼古拉发出誓言，要作为"俄罗斯至高无上的皇帝和专制君主"来治理这个国家。这时不祥之兆出现了，沉重的圣安德烈勋章从他的肩上滑落下来，哗啦一声掉在了地上……

▲ 佩戴圣安德烈勋章的公主安娜·利奥波德芙娜

▲ 1922年，苏联曾将沙皇的财产进行展示，图中可以清楚看见圣安德烈勋章居于正中

重生

俄罗斯帝国圣安德烈勋章虽然在俄国革命中被废除，但在罗斯受洗1000周年之际，1988年12月27日俄罗斯东正教会再次正式设立这一勋章作为东正教的最高勋章，并沿用了原来的同一名称。不过这种宗教勋章的样式及授予条例都已明显不同于俄罗斯帝国时期了。勋章仅有一级，授予为东正教做出的杰出功绩，授予时包括徽章、星章、绶带和证书。

1998年7月1日，俄罗斯联邦总统叶利钦签发了第757号总统令，在国家层面正式恢复这一俄罗斯的最高勋章。此时正是这种勋章设立的300年之后，苏联已经解体不复存在，新俄罗斯恢复了俄罗斯帝国的国旗、国徽，恢复了帝国首都的旧称——圣彼得堡。在总统令中这样叙述道：

1. 恢复圣安德烈勋章；
2. 批准圣安德烈勋章条例及其说明。

伴随着这一命令，圣安德烈勋章迎来了在俄罗斯新的生命。

根据2010年9月7日的俄罗斯联邦总统签发的第1099号总统令，明确了圣安德烈勋章条例及其叙述说明，可以归纳如下：

1. 圣安德烈勋章是俄罗斯联邦国家最高奖赏；
2. 圣安德烈勋章授予为俄罗斯发展、强大、光荣做出杰出贡献的俄罗斯联邦国家及社会活动家和公民；

▲ 正式恢复圣安德烈勋章的第757号总统令

世界经典制服徽章艺术

▲ 圣安德烈勋章佩戴规范，左侧用于特殊的场合，从部分获得者佩戴该勋章的照片来看，并没有严格遵守这个规范

3、圣安德烈勋章授予为俄罗斯联邦做出重要贡献的外国元首和政府首脑；

4、圣安德烈勋章采用链章或绶带佩戴，只有在最为盛大的场合才佩戴该勋章。勋章通过绶带佩戴时挎过右肩，星章则佩戴在左胸部；

5、授予军事功勋的圣安德烈勋章区别是星章上佩剑；

6、佩戴圣安德烈勋章勋略位置在其他勋章勋略之左。

根据总统令的规定，圣安德烈勋章获得者还有一项特殊的优待，就是退休后每月基本养老金在普通劳动者的退休金基础上增加415%。

整套圣安德烈勋章由挂章、星章、链章和绶带组成。挂章采用银镀金，X形十字架上覆盖蓝色珐琅，十字架上具有圣徒安德烈殉道的肖像，大体式样与俄罗斯帝国时期的勋章一致。挂章高86毫米，宽60毫米。勋章绶带为天蓝色的波纹状丝绸，宽100毫米。链章由17件

▶ 俄罗斯联邦2011年发行的圣安德烈勋章邮票

132　Militaria Collection Publication

神圣首勋：俄国第一圣徒安德烈勋章全史

饰物组成，这些饰物由金、银和珐琅制成，分为三种，分别是7件俄罗斯联邦徽章的双头鹰图案，鹰的胸部带有骑士的盾章；6件中央为红色圆盘并带有光芒的蓝色X形十字架饰物，在十字臂之间带有镀金的"Sanctus Andreas Patronus Russiae"的首字母"S/A/P/R"，意思是"俄罗斯守护者圣徒安德烈"；其余为带有皇冠的战争纪念物品组成，饰品中央覆盖着蓝色珐琅，上面带有表示彼得大帝的金色花体字母。这些饰物呈规律间隔排列组成勋章项链，用于勋章颈授佩戴时使用。勋章星章为八角银星，中央圆盘覆盖着红色珐琅，其中间图案是圣安德烈勋章徽章缩小版图案。圆盘被蓝色珐琅的圆环围绕，上面有"信仰和忠诚"的金色铭文，在其底部为覆盖着绿色珐琅的桂树枝图案。星章对应顶点距离82毫米，通过别针在衣服上佩戴。

当授予军事功勋时，挂章上增加交叉的宝剑，位置在皇冠的下方，与双头鹰处于同一水平位置，每支宝剑尺寸为47毫米长，3毫米宽。同时在星章上也佩有成十字交叉的宝剑，宝剑通过星章的中心，每支宝剑尺寸为54毫米长，3毫米宽。

勋章重新恢复后，首位获得者是社会主义劳动英雄、科学院院士、哲学家、历史学家、著作家德米特里·谢尔盖耶维奇·利哈乔夫（Дмитрий Сергеевич Лихачёв），他是根据1998年9月30日的1163号总统令，于第二天10月1日被正式授予，这个1号勋章实际上立即就交到了冬宫。根据1998年10月

▶ 全套俄罗斯联邦圣安德烈勋章

▲ 授予院士利哈乔夫圣安德烈勋章的第1163号总统令

▲ 授予卡拉什尼科夫圣安德烈勋章的1202号总统令

世界经典制服徽章艺术

▲ 莫斯科市长正将一个施塔迪亚艺术公司制造的礼物赠送给卡拉什尼科夫,注意卡拉什尼科夫身上佩戴的圣安德烈勋章

7日的1202号总统令,编号2号勋章授予著名的枪械设计大师米哈伊尔·季莫费耶维奇·卡拉什尼科夫（Михаил Тимофеевич Калашников）。根据1998年10月11日的第1212号总统令,第三枚勋章授予了哈萨克斯坦总统努尔苏丹·阿比舍维奇·纳扎尔巴耶夫（Нурсултан Абишевич Назарбаев）,他是哈萨克斯坦共和国独立后的首任总统,并一直连任至今。

第四枚勋章授予了1970年度诺贝尔文学奖获得者,被誉为"俄罗斯的良心"的世界著名作家亚历山大·伊萨耶维奇·索尔仁尼琴（Александр Исаевич Солженицын）。授予他的这一天也是索尔仁尼琴80岁生日（他生于1918年12月11日）,作为苏联时期的著名作家和持不同政见者的代表,他曾在从美国返回俄罗斯后于1994年11月在国家杜马发表演讲,批评当政的叶利钦总统及其政府。他谢绝了叶利钦总统颁发的圣安德烈勋章,并称他"不能从一个将俄国带入当今灾难的最高权威那里接受奖赏",实际上这并不是他第一次拒绝接受勋章。作为最知名,也是最具争议的一位作家,索尔仁尼琴的经历相当坎坷。他曾经遭劳改和流放,在1970年当时瑞典诺贝尔奖评选委员会颁奖给他,表彰"他在维护汲取于伟大的俄罗斯文学传统中的道德力量"的巨大贡献,当时苏联政府认为评选委员会此举是"冷战性质的政治挑衅",因此直到1975年12月,流亡国外的索尔仁尼琴才得以前往瑞典领取奖金。后在戈尔巴乔夫的全面改革和新思维背景下,苏联最高苏维埃主席团撤销了1974年把他驱逐出苏联的决定,恢复了他的苏联国籍,1990年苏联政府曾决定给索尔仁尼琴颁发列宁勋章,但被他所拒绝,理由是"我不能因为一本用几百万人的血写成的书而获得个人荣誉"。这位留着大胡子的思想家,在走完充满坎坷的89年人生后,把自己的背影留给了俄罗斯,也留给了世界,更留下了"一句真话能比整个世界的分量还重"的旷世箴言。

其他获得俄罗斯联邦最高奖赏还有莫斯科和全俄

罗斯宗主教阿列克谢二世（Всея Руси Алексий II），他于1999年2月19日获得该勋章。杰出的俄罗斯移植医生、心脏外科医生，俄罗斯科学院、医学院院士瓦列里·伊万诺维奇·舒马科夫（Валерий Иванович Шумаков）于2001年11月3日获得该勋章。著名的俄罗斯杰出外科医生、卫生保健机构组织者、社会活动家、苏联卫生保健机构部长、苏联医学院全苏外科科技中心院长、苏联科学院、医学院院士、医学博士、教授鲍里斯·瓦西里耶维奇·彼得罗夫斯基（Бори́с Васи́льевич Петро́вский）于2003年6月4日因"在卫生和医学领域的杰出成就"而获得该勋章。获得社会主义劳动英雄、苏联国家奖金和俄罗斯联邦国家奖文学与艺术奖金的作家和社会活动家丹尼尔·亚历山大洛维奇·格拉宁（Даниил Александрович Гранин）因长期推动文学发展于2008年获得圣安德烈勋章。

著名达吉斯坦民族诗人和作家，获得达吉斯坦共和国人民艺术家和社会主义劳动英雄等称号，有着"爱情歌手"美誉的拉苏尔·加姆扎托维奇·加姆扎托夫（Расул Гамзатович Гамзатов），于2003年9月8日在他80寿辰因"发展本国文学和社会活动所做的杰出贡献"而获得该勋章，当时在总统官邸给他祝寿的总统普京亲自向他颁发了圣安德烈勋章，在颁发勋章的大厅里，总统说："大厅很小，可我们的国家很大，在这个国家里，数百万人热爱您，因为您如此真诚，如此文雅地教给我们爱、真理和良知这样的价值观。请允许我们开始庄严的仪式，授予您勋章。"

苏联人民艺术家、社会主义劳动英雄、著名女歌唱家，有"民歌女王"之称的柳德米拉·格奥尔吉耶夫娜·泽金娜（Людмила Георгиевна Зыкина）于2004年6月12日因"对民族文化和音乐艺术发展所做出的杰出贡献"而获得圣安德烈勋章。1966年获得苏联人民艺术家称号的女中音歌唱家伊莉娜·康斯坦丁诺夫娜·阿尔希波娃（Ирина Константиновна Архипова），于2005年1月2日因"在本国及世界音乐水平发展中，多年的艺术与社会活动所做的杰出贡献"获得该勋章。2011年3月2日，在戈尔巴乔夫80周岁之际，梅德韦杰夫总统签发总统令授予末代苏联共产党中央总书记戈尔巴乔夫圣安德烈勋章。截至2011年俄罗斯的圣安德烈勋章共计颁发了15枚，这15位获得者平均年龄79.5岁，获得者中最年轻的是纳扎尔巴耶夫，为58岁，最年长的是2008年3月13日授勋的著名俄罗斯诗人和作家、苏联及俄罗斯国歌的三度词作者谢尔盖·弗拉基米罗维奇·米哈尔科夫（Сергей Владимирович Михалков），为95岁。第16枚，也是距今最近颁发的一枚于2014年4月授予国防部长谢尔盖·库茹盖托维奇·绍伊古（Сергей Кужугетович Шойгу），他获得的是佩剑版勋章。

俄罗斯联邦仍将圣安德烈勋章作为国家最高奖赏进行颁发，续写着曾经的俄罗斯帝国最高荣誉的新篇章。

◀ 陪同普京和梅德韦杰夫参加阅兵式的绍伊古，注意他佩藏有圣安德烈勋章星章

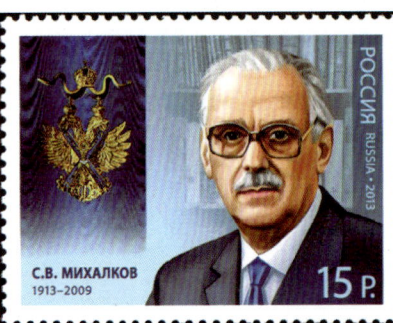

俄罗斯联邦发行的圣安德烈勋章获得者邮票，分别是柳德米拉·格奥尔吉耶夫娜·泽金娜、鲍里斯·瓦西里耶维奇·彼得罗夫斯基、阿列克谢二世、伊莉娜·康斯坦丁诺夫娜·阿尔希波娃、瓦列里·伊万诺维奇·舒马科夫、拉苏尔·加姆扎托维奇·加姆扎托夫、谢尔盖·弗拉基米罗维奇·米哈尔科夫、米哈伊尔·季莫费耶维奇·卡拉什尼科夫、德米特里·谢尔盖耶维奇·利哈乔夫

神圣首勋：俄国第一圣徒安德烈勋章全史

▲ 2015年5月9日庆祝卫国战争胜利70周年红场阅兵照片，仔细观察绍伊古佩戴的圣安德烈勋章星章，依稀可以看到星章上面的佩剑。绍伊古于2012年5月11日担任莫斯科州州长，2012年11月6日被普京总统任命为俄国防部部长

▲ 授予阿尔希波娃圣安德烈勋章的第1号总统令

俄罗斯联邦授予圣安德烈勋章的总统令

序号	姓名	总统令签发日期	总统令编号
1	德米特里·谢尔盖耶维奇·利哈乔夫	1998年9月30日	1163
2	米哈伊尔·季莫费耶维奇·卡拉什尼科夫	1998年10月7日	1202
3	努尔苏丹·阿比舍维奇·纳扎尔巴耶夫	1998年10月11日	1212
4	亚历山大·伊萨耶维奇·索尔仁尼琴	1998年12月11日	1562
5	阿列克谢二世	1999年2月19日	203
6	瓦列里·伊万诺维奇·舒马科夫	2001年11月3日	1271
7	法祖·加姆扎托夫娜·阿利耶夫娜	2002年12月11日	1400
8	盖达尔·阿利耶维奇·阿利耶夫	2003年5月10日	521
9	鲍里斯·瓦西里耶维奇·彼得罗夫斯基	2003年6月4日	603
10	拉苏尔·加姆扎托维奇·加姆扎托夫	2003年9月8日	1040

11	柳德米拉·格奥尔吉耶夫娜·泽金娜	2004年6月12日	765
12	伊莉娜·康斯坦丁诺夫娜·阿尔希波娃	2005年1月2日	1
13	谢尔盖·弗拉基米罗维奇·米哈尔科夫	2008年3月13日	339
14	丹尼尔·亚历山大洛维奇·格拉宁	2008年12月28日	1864
15	米哈伊尔·谢尔盖耶维奇·戈尔巴乔夫	2011年3月2日	257
16	谢尔盖·库茹盖托维奇·绍伊古	2014年4月	未知

附：冬宫收藏的获得圣安德烈勋章的群英像

冬宫军事画廊位于圣彼得堡冬宫，冬宫（зимний дворец）音译为艾尔米塔什，坐落在圣彼得堡宫殿广场上，原为俄国沙皇皇宫，十月革命后为圣彼得堡国立艾尔米塔什博物馆的一部分。该宫由意大利著名建筑师拉斯特雷利设计，是18世纪中叶俄国巴洛克式建筑的杰出典范。冬宫初建于1754~1762年，1837年被大火焚毁，1838~1839重建，第二次世界大战期间又遭到破坏，战后修复。这是一座三层楼房，长约230米，宽140米，高22米，呈封闭式长方形，占地9万平方米，建筑面积超过4.6万平方米。冬宫的立面样式不一，面向涅瓦河的西背面没有明显的凸轩，仿佛连绵不断的双层柱廊。而面向冬宫广场的西南面中央被华丽的凸轩分割成三个拱门。建筑表面的雕塑非常雅致，色彩绚丽明快，窗户上镀金饰框，栏杆上的雕像以及装饰花瓶精巧奇异，强调了华丽的效果。

冬宫军事画廊则是其中俄罗斯帝国伟大武功的著名纪念地，陈列有332幅1812年卫国战争时期的俄国军事将领和1813~1814年俄军远征参加者的肖像，包括著名元帅库图佐夫、巴克莱–德–托利等人的画像，其中十二月党人沃尔孔斯基的画像还曾被禁止在画廊进行陈列。画廊中还有12顶带有雕塑装饰的桂冠，上面标有1812~1814年间俄军各次重大获胜战役的名称。画廊1826年12月25日开放开始接纳参观者，肖像画由艺术家乔治·多乌（Джорджем Доу）、А．В．波利亚科夫（А. В. Поляковым）、戈利克（Голике）等绘制。1830年，增加了骑马的亚历山大一世画像，画中他正得意扬扬地骑马进入巴黎，还有沙皇的同盟者普鲁士国王腓特烈·威廉三世、奥地利皇帝弗朗茨·约瑟夫一世全身画像。在苏联时期，又增加了4幅绘画，包括《博罗季诺战役》等作品，现今画廊共陈列有329幅绘画作品。

▼ 现在的冬宫，仅从外观就显得富丽堂皇

神圣首勋：俄国第一圣徒安德烈勋章全史

以下是冬宫军事画廊收藏的圣安德烈勋章获得者的部分画像：

▲ 反映冬宫军事画廊内景的一幅画作

▲ 冬宫军事画廊中陈列的骑着高头大马的沙皇亚历山大一世

世界经典制服徽章艺术

▲ 佩戴圣安德烈勋章的巴克莱-德-托利元帅,由乔治·多乌1829年创作。他是苏格兰贵族的后裔,画像为着1817年式样制服的巴克莱-德-托利,背景为法国巴黎。元帅佩戴着圣安德烈勋章和星章、一级圣格奥尔基勋章和星章,以及一级圣弗拉基米尔大公勋章和绶带。画面上表现其还佩戴的勋章有普鲁士红鹰勋章、奥地利玛丽亚·特雷西亚军事勋章、荷兰威廉十字勋章等

▲ 库图佐夫画像,由画家乔治·多乌绘制。画面背景是云杉树,树下的圆鼓上是近卫骑兵团的军帽。画面上库图佐夫外披军大衣,右肩挎圣安德烈勋章大绶带。他左胸带着一个沙皇亚历山大一世肖像的钻石徽章,还有圣安德烈勋章、一级圣格奥尔基勋章、一级圣弗拉基米尔大公勋章的星章,以及奥地利的一级玛丽亚·特雷西亚军事勋章

▲ 佩戴圣安德烈勋章的骑兵上将托尔马索夫,着骑兵制服,肩挎圣安德烈勋章大绶带,在其左胸佩勋章的星章,从上到下依次为圣安德烈勋章、二级圣格奥尔基勋章、一级圣弗拉基米尔大公勋章,在其前胸挂着圣亚历山大·涅夫斯基勋章和二级圣格奥尔基勋章

▲ 佩戴圣安德烈勋章的亚历山大·弗里德里希·卡尔-符腾堡 (Александр Фридрих Карл Вюртембергский),符腾堡王子,骑兵上将。保罗一世妻子符腾堡王国公主索菲亚·多萝西娅·奥古斯塔·路易莎(玛丽亚·费奥多萝芙娜)的弟弟

神圣首勋：俄国第一圣徒安德烈勋章全史

▲ 佩戴圣安德烈勋章的卫国战争英雄步兵上将彼得·伊万诺维奇·巴格拉季昂画像，由乔治·多乌所作。画面表现的是着1817年式样制服的巴格拉季昂，而实际上他早在1812年就死亡了。在肖像画中，他肩挎圣安德烈勋章大绶带，在其左胸佩戴的勋章星章有圣安德烈勋章、二级圣格奥尔基勋章、一级圣弗拉基米尔大公勋章。在他的脖子上挂的有钻石版圣亚历山大·涅夫斯基勋章、奥地利二级玛丽亚·特雷西亚军事勋章、一级圣安娜勋章、二级圣格奥尔基勋章，以及被绶带遮挡的耶路撒冷圣约翰勋章

141

◀ 佩戴圣安德烈勋章的维特根施泰因元帅,由画家乔治·多乌绘制。他身着1814年式制服,披圣安德烈勋章大绶带,在左胸戴着勋章的星章,从上到下依次是圣安德烈勋章、二级圣格奥尔基勋章、一级圣弗拉基米尔大公勋章,以及一个占领布拉格获得的金十字,还有卫国战争奖章等。脖子上戴着奥地利二级玛丽亚·特蕾莎勋章,以及绶带另一面的二级圣格奥尔基勋章、普鲁士红鹰勋章

▲ 佩戴圣安德烈勋章的亚历山大·费奥多罗维奇·兰热龙(Алекса́ндр Фёдорович Ланжеро́н),法国贵族出身。此画由画家乔治·多乌绘制。画中兰热龙着1817年式制服,披挂着圣安德烈勋章大绶带。在他左胸佩1812年卫国战争银质和铜质奖章,奥地利三级玛丽亚·特雷西亚勋章,佩戴的帝国奖赏星章有圣安德烈勋章、二级圣格奥尔基勋章、一级圣弗拉基米尔大公勋章、耶路撒冷圣约翰勋章和瑞典军事一级王剑勋章徽章。脖子下面悬挂着钻石版圣亚历山大·涅夫斯基勋章、瑞典军事一级王剑勋章、普鲁士二级红鹰勋章、二级圣格奥尔基勋章

▲ 佩戴圣安德烈勋章的彼得·米哈伊洛维奇·沃尔孔斯基元帅(Пётр Михайлович Волконский),他是编制俄国地图的首创人。元帅着1817年式样制服,披圣安德烈勋章大绶带,肩部佩着副官长(沙皇高级侍从官的荣誉称号)的绶带。在他的左胸佩银质1812年卫国战争奖章、奥地利三级玛丽亚·特雷西亚军事勋章、英国的巴思勋章。佩戴的帝国奖赏星章有圣安德烈勋章、一级圣弗拉基米尔大公勋章、三级圣格奥尔基勋章

▶ 佩戴圣安德烈勋章的骑兵上将列昂季·列昂季耶维奇·贝尼格森（Леонтий Леонтьевич Беннигсен，1745~1826），由画家乔治·多乌绘制。画中他身着1814年式制服，披圣安德烈勋章大绶带，在左胸佩戴勋章星章，有圣安德烈勋章、一级圣格奥尔基勋章、一级圣弗拉基米尔大公勋章。靠近肩部为汉诺威勋章星章，下面是瑞典军事一级王剑勋章挂章。脖子下面佩戴着奥地利二级玛丽亚·特雷西亚勋章、瑞典军事一级王剑勋章、丹麦大象勋章

▲ 佩戴圣安德烈勋章的步兵上将米哈伊尔·圣安德烈耶维奇·米洛拉多维奇（Михаил Андреевич Милорадович）。在画像中，米洛拉多维奇着1817年式制服，肩披着圣安德烈勋章大绶带，在左胸佩勋章星章，有圣安德烈勋章、一级圣格奥尔基勋章、一级圣弗拉基米尔大公勋章、银质卫国战争奖章，还有普鲁士红鹰十字勋章、铜质卫国战争奖章、耶路撒冷圣约翰勋章星章、普鲁士铁十字勋章等

▲ 佩戴圣安德烈勋章的法比安·奥斯滕-萨肯元帅（Фабиан Вильгельмович Остен-Сакен），画中元帅着1817年式样制服，肩披圣安德烈勋章大绶带。在他的左胸上佩戴着勋章星章，还有纪念1812年卫国战争的银质和铜质奖章，星章从上到下依次为圣安德烈勋章、一级圣格奥尔基勋章、一级圣弗拉基米尔大公勋章

汗铸金星
苏联劳动英雄和镰刀锤子金质奖章
ЗОЛОТАЯ МЕДАЛЬ "СЕРП И МОЛОТ"

作者：谢亮

汗铸金星：苏联劳动英雄和镰刀锤子金质奖章

> 爱劳动是共产主义道德主要成分之一。但只有在工人阶级获得胜利以后，人类生活不可缺少的条件——劳动，才不会是沉重而可耻的负担，而成为荣誉和英勇的事业。
>
> ——加里宁

劳动，在社会主义国家中得到了前所未有的赞美。一个最突出的表现就是20世纪最强大的社会主义国家苏联第一次在人类历史上专门为劳动者设立了奖励体系。苏联劳动勋奖章包括本文将要介绍的镰刀锤子金质奖章以及劳动红旗勋章、劳动光荣勋章、劳动优秀奖章、忘我劳动奖章，以及各种各样的纪念奖章和证章，构成了一个庞大的体系。而"社会主义劳动英雄"称号和镰刀锤子金质奖章，则是对社会主义劳动者的最高奖赏。

苏联作为世界上第一个社会主义国家，自然受到了资本主义国家的敌视和排斥。但是苏联通过自身的努力，在社会主义建设方面取得了令人瞩目的成绩。1921年3月，苏维埃政权开始实施新经济政策，并且首先从解决农民问题入手，变余粮无偿征集为市场买卖。斯大林获得政权后推行农业集体化政策，对苏联的经济生产方式进行了大改造。1927年，苏联开始了第一个"五年计划"，1932年，第一个"五年计划"完成，苏联从农业国变成工业国。1937年，第二个"五年计划"完成，苏联的工业生产总值跃居欧洲第一，世界第二。1941年6月，苏德战争爆发，伟大的卫国战争开始，第三个"五年计划"也只实施了两年。战争结束后，苏联的经济和文化都受到了极大的摧残，社会主义建设出现了严重的退步。1946年，苏联开始实施发展国民经济的第四个"五年计划"。到1985年为止，除1941年卫国战争爆发，第三个"五年计划"被中断外，苏联完整地执行了十个"五年计划"，经济实力得到了很大的提升，综合国力更是大大地增强。

同时在文化建设方面，苏联也没放松。十月革命胜利后，苏维埃政权立即颁布了一系列关于社会主义文化建设的决定，并采取了各种必要措施，如扶植和发展各个民族自己的文化艺术，大力支持无产阶级革命的和进步的文学的发展。苏联文学的创始人高尔基的代表作《母亲》、肖洛霍夫的长篇小说《静静的顿河》、奥斯特洛夫斯基的长篇小说《钢铁是怎样炼成的》、法捷耶夫的长篇小说《青年近卫军》、波列沃依的中篇小说《真正的人》都是影响我们的经典文学作品。同时苏联还出产了一大批优秀的电视剧、电影，其中吉洪诺夫主演的《春天的十七个瞬间》更是家喻户晓。

▲ 电影《静静的顿河》的海报

▲ 《春天的十七个瞬间》的海报

汗铸金星：苏联劳动英雄和镰刀锤子金质奖章

反映各行各业劳动和建设状况的苏联宣传画

在科技方面，苏联于1949年8月29日成功试爆了第一颗原子弹，1954年1月4日成功试爆了第一颗氢弹。苏联在航天方面也为人类做出了杰出的贡献。值得一提的是在1954年10月2日，为了展示苏联经济和文化建设的辉煌成果，在北京举办了《苏联经济及文化建设成就展览会》，展出期间，先后有276万人前去参观，受到很大的鼓舞和激励。10月25日，毛泽东主席等党和国家领导人，亲去参观并题词。毛泽东主席的题词为"我们要在全国范围内掀起学习苏联的高潮，来建设我们的国家"。任何事情都需要人来完成，要完成这样的飞跃，幕前幕后英雄付出了艰辛的努力，在苏联的社会主义建设中，涌现出了一大批在经济建设和社会主义文化建设领域做出卓越贡献的英雄。他们用自己的精神和行动很好地诠释了"劳动最光荣"的含义。

▲ 苏联关于航天事业的宣传画

▲ 虽然苏联的农业集体化政策被证明是失败的，但是当时苏联却成功地由农业国转变为工业国

▲ 苏联宣传画——突击劳动因丰收而光荣

▲ 五一劳动节在苏联时期是一个重要的政治节日，每年都会隆重纪念。图为1920年的五一宣传画

汗铸金星：苏联劳动英雄和镰刀锤子金质奖章

设立和发展

1938年12月17日，苏联最高苏维埃主席团通过法令设立了在经济和文化建设中的最高荣誉称号——"社会主义劳动英雄"。1940年5月22日，苏联最高苏维埃主席团决议设立奖章，用于授予"社会主义劳动英雄"称号的获得者。1973年5月14日，苏联最高苏维埃主席团又发布了关于"社会主义劳动英雄"称号的新规定。

奖章由A.波曼斯基设计，章体为一枚背面平坦而正面呈放射状的五角星，五角星的中心有镰刀和锤子的图案。这跟苏联英雄的金星奖章很像，因此收藏者又称其为"镰刀锤子金质奖章"或者"小金星奖章"。本文根据约定俗称的习惯，称呼其为镰刀锤子金质奖章。

奖章五角星的中心到每一个角尖的距离都是15毫米，五角星所构成的圆的直径为33.5毫米。锤子和镰刀的大小从其手柄到顶点的距离分别为14毫米和13毫米。奖章的背面平坦，在其背部的边缘由一条凸起的极细的棱边构成闭合体。奖章背面中心有三排凸起的俄文——"Герой/Социалистического/Труда"（社会主义劳动英雄）。Герой和Труда两个单词每个字母的宽度为1~2毫米，Социалистического每个字母的宽度为0.75~1.5毫米。Герой的上部与五角星水平线的垂直距离是1毫米。

▲ 社会主义劳动英雄尼古拉耶维奇，从其佩戴的卫国战争勋章来看，他有从军的经历

▲ 早期苏联邮票上的镰刀锤子金质奖章

和金星奖章一样，一枚金质的小圆环焊接在奖章五角星的最上面的那个角上，用于连接奖章和上挂。上挂的材质为银质镀金，由一个高15毫米宽19.5毫米的长方形构成，长方形的上下两部分分别是两个细长的长方形。上挂背面的圆盘和六角螺帽将上挂和银质螺杆固定，螺杆穿过衣服与小圆盘连接，从而固定奖章。上挂的正面被一小块宽度为20毫米的红色勋带覆盖。奖章章体用纯度为95%的黄金制造。根据1978年9月18日的数据，奖章金质部分的重量为 14.583 ± 0.903 g，银质部分的重量为 12.03 ± 0.927 g，

"社会主义劳动英雄"称号的相关规定

"社会主义劳动英雄"称号是在经济建设和社会主义文化建设领域的最高荣誉称号。

"社会主义劳动英雄"称号授予那些表现出劳动英雄主义，特别是在提高社会生产效率，为苏联经济、科技、文化的复苏，为苏联的繁荣昌盛做出巨大贡献的劳动英雄们。

"社会主义劳动英雄"称号由苏联最高苏维埃主席团授予。获得"社会主义劳动英雄"称号的人将会被授予：苏联最高的政治勋章——列宁勋章、特别功勋奖章镰刀锤子金质奖章和一份苏联最高苏维埃主席团颁发的大型奖状。

若社会主义劳动英雄在经济建设和社会主义文化建设领域再次做出巨大的贡献，将会再次被授予"社会主义劳动英雄"称号，还会被授予第二枚列宁勋章和镰刀锤子金质奖章。为了表彰两次"社会主义劳动英雄"称号获得者的功绩，将在其家乡塑半身铜像。

两次"社会主义劳动英雄"称号的获得者若第三次在经济建设和社会主义文化建设中做出巨大贡献，将被再次授予列宁勋章和镰刀锤子金质奖章。

社会主义劳动英雄享有法律的豁免权。只有苏联最高苏维埃主席团才能撤销"社会主义劳动英雄"称号。

1967年9月6日，苏联最高苏维埃主席团通过决议，要求社会主义劳动英雄的待遇与苏联英雄和三级光荣勋章获得者的待遇一样，即社会主义劳动英雄获得者享有个人专用工会退休金，首先确保其住房，房产税和土地税优惠50%。此外，他们还能免费使用市内各种交通工具；一年内免费乘坐一次火车软卧、轮船一等舱、飞机或城际汽车。此外，"社会主义劳动英雄"称号获得者患病需治疗时，可免费去疗养院疗养，有资格优先享受演出、公共事业和文化教育服务。

总重量为28.014±1.5 g。

镰刀锤子金质奖章佩戴在左胸，高于其他的苏联勋奖章（和金星奖章同高）。镰刀锤子金质奖章没有勋表。

通常将镰刀锤子金质奖章分为二种版本。

早期版本：颁发日期从1940年5月22日到1943年6月19日。这个版本的奖章数量可能在25~30枚之间，因此非常稀罕。到1943年11月的时候"社会主义劳动英雄"称号仅仅授予了127次，到卫国战争结束的时候仅仅授予了201次。该版本奖章的上挂长25毫米高15毫米。银制的圆盘直径为17.75毫米，上面有凸起的文字标识"МОНДВОР"（意为造币厂）。一枚金质的小圆环焊接在上挂的下沿，与其平面成90度角垂直，并和五角星上的那个小圆环连接起来。奖章的编号刻在奖章背后、文字"Герой"的上方。已知此版本的奖章编号最小为10，最大为22。

▲▲ 著名的苏联勋奖章收藏品销售网站"大西洋网"上出售的编号为130的镰刀锤子金质奖章实物图，请注意上挂的细节。供图/Collect Russia

▲ 编号为107的晚期版本I型镰刀锤子金质奖章

晚期版本：颁发日期从1943年6月19日至1991年苏联解体。该版本的奖章的上挂长21.5毫米高20.6毫米（不包括上挂下方的镂空突出部分）。银制小圆盘的直径为18.5毫米，在上面有凸起的文字标识"МОНЕТНЫЙ ДВОР"（莫斯科造币厂）。上挂下方的镂空突出部分有一个小孔，中间穿有一个镀金银环，此银环并不是像早期版本那样焊接在上挂上。上挂与章体连接方式与早期版本相似。根据细节特征，该版本又可以分为下面几种类型：

I型：该型奖章的编号在奖章背后，文字"Герой"的上方，五角星的12点钟方向。奖章的编号数字的高度为1.75毫米。该型奖章的编号都小于999，已知的最小为85，最大为961。

▲ 编号为440的晚期版本I型镰刀锤子金质奖章。供图/The New York Sale

汗铸金星：苏联劳动英雄和镰刀锤子金质奖章

Ⅱ型：该型奖章的编号的位置和Ⅰ型的一致，编号从1000到9999。因为编号是四位数，所占的空间要大于三位数，所以该型奖章的编号数字的高度为1毫米。已知该型版本的奖章编号最小为1133，最大为9978。

▲ 编号为500的晚期版本Ⅰ型镰刀锤子金质奖章。供图/The New York Sale

▼ 编号为904的晚期版本Ⅰ型镰刀锤子金质奖章。供图/The New York Sale

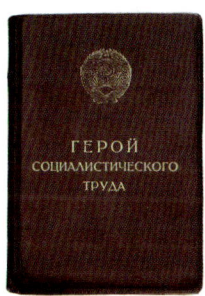
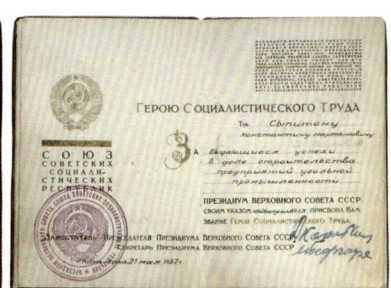

▲ 编号为1810的晚期版本Ⅱ型镰刀锤子金质奖章及证书。供图/The New York Sale

▼ 编号为2529的晚期版本Ⅱ型镰刀锤子金质奖章。供图/The New York Sale

▲ 编号为8005的晚期版本Ⅱ型镰刀锤子金质奖章

151

世界经典制服徽章艺术

▲ 编号为10142的晚期版本III型镰刀锤子金质奖章实物图

▲ 编号为13431的晚期版本IV型镰刀锤子金质奖章实物图

▲ 早期版本的圆盘（上图）和晚期版本的圆盘（下图）的对比

◀ 编号为19692的镰刀锤子金质奖章实物图，注意其替代的别针

　　需要注意的是，该型奖章早期版本要明显厚于晚期版本。因此奖章的重量也不一样，厚版的重量大约为29.2克，薄版大约为28.7克。很难确定是从哪个编号由厚版变为薄版的，但是可以确定是在编号3300至8700之间。

　　III型：由于该型的奖章编号是五位数，五角星的12点钟方向的空间不能容纳，所以奖章的编号在文字"Труда"的下方，五角星的6点钟方向。该型奖章的编号数字的高度为1毫米。已知该型版本的奖章编号最小为10004，最大为10498。

　　IV型：该型的奖章与III型的唯一不同就是编号，其奖章的编号数字的高度为1.5毫米。已知该型版本的奖章编号最小为10705，最大为20812。需要注意的是早期的奖章圆盘和晚期圆盘的不同，左侧插图就清晰地反映了它们之间的区别。

　　该型存在官方的替代品，其主要的特征就是上挂的螺杆被替换为别针，已知的编号有19692、20175和20830。使用别针的理由还不确定，但是可以做一个假设：这有可能是授予女性的，因为细长的别针不会损坏衣服。不过，细长的别针也适合那些需要经常换衣服的男性，例如领导人、科学家和知识分子。

　　第二次获得"社会主义劳动英雄"称号将获得第二枚镰刀锤子金质奖章。第二枚奖章与第一枚几乎完全相同，唯一不同的就是在第二枚的编号上面有一个罗马数字II。因为第二枚奖章从1开始重新编号，最大为三位数，所以五角星的12点钟方向有足够的空汗铸金星：苏联劳动英雄和镰刀锤子金质奖章

▲ 编号为55的二次镰刀锤子金质奖章。供图/Hermann Historica

▲ 授予基姆·别恩·赫瓦的第二枚镰刀锤子金质奖章，注意其编号上的罗马数字Ⅱ

▲ 从赫瓦的奖励记录证书上可以清楚看到，授予时间为1951年，奖章的编号为11

间来容纳这些数字。

　　插图中有一枚镰刀锤子金质奖章是授予乌兹别克斯坦苏维埃社会主义共和国塔什干地区的"北极星"集体农场主席基姆·别恩·赫瓦的。在他的带领下，农场的农作物产量得到了大幅的提高。棉花产量为1947年3930公斤/公顷（种植面积165公顷）、1951年3918公斤/公顷（种植面积285公顷）、1967年3150公斤/公顷（种植面积1715公顷）；稻谷产量为1947年3640公斤/公顷（种植面积364公顷）、1951年3920公斤/公顷（种植面积485公顷）、1967年5370公斤/公顷（种植面积331公顷）。他还是第二届至第七届乌兹别克最高苏维埃主席团成员。

　　社会主义劳动英雄除了获得镰刀锤子金质奖章和列宁勋章外，还会获得一些证明文件。这些证明文件包括：大型奖状（苏联最高苏维埃主席团授予的特别的大尺寸官方文件）、"社会主义劳动英雄"身份证书和奖励记录证书。大尺寸的获授文件装在硬皮封面中。这些文件又可以分为下面的几个版本。

　　第一版本：较早期的版本，注意其苏联国徽上缠绕在麦穗上的飘带为11圈（代表此时有11个加盟共和国）。

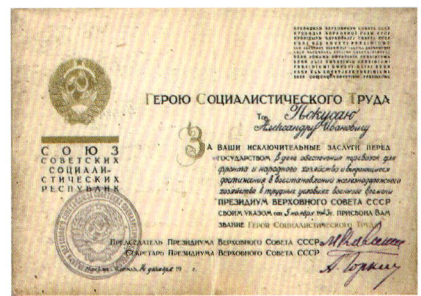

▲ 第一版本的身份证书

▲ 第一版本的奖励记录证书，可以看到镰刀锤子金质奖章的编号为107

　　第二版本：苏联国徽上缠绕在麦穗上的飘带为16圈（代表此时有16个加盟共和国）。大型奖状的红色封面上只有金黄色文字"ГЕРОЮ СОЦИАЛИСТИЧЕСКОГО ТРУДА"（社会主义劳动英雄）。

153

第三版本： 苏联国徽上缠绕在麦穗上的飘带为15圈（代表此时有15个加盟共和国。1956年7月16日，苏联最高苏维埃主席团宣布撤销卡累利阿－芬兰加盟共和国，将其并入俄罗斯联邦，并改名为卡累利阿自治共和国）。大型奖状的红色封面上有金黄色文字"СОЮЗ СОВЕТСКИХ СОЦИАЛИСТИЧЕСКИХ（苏维埃社会主义共和国联盟）/ГЕРОЮ СОЦИАЛИСТИЧЕСКОГО ТРУДА"和苏联的国徽。

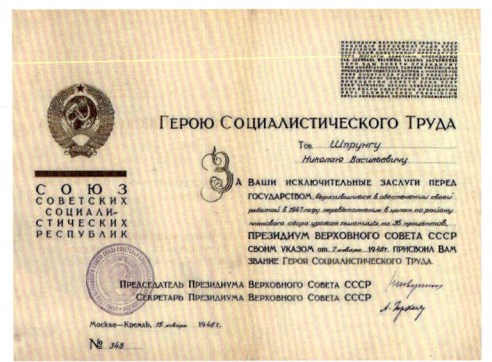

▲ 第二版本的大型奖状封面和内页

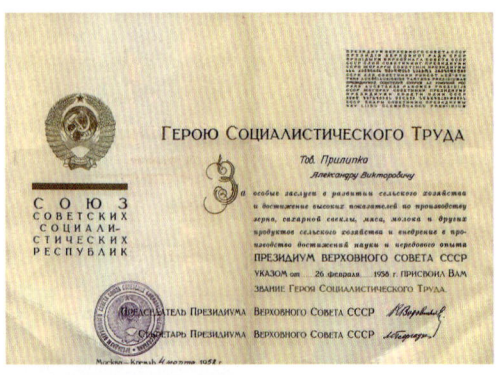

◀ 第三版本的大型奖状封面和内页

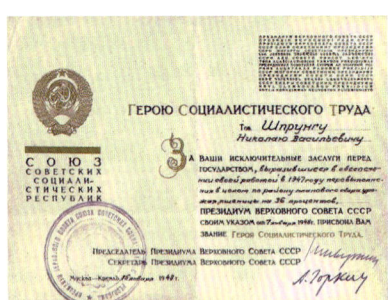

▲ 第二版本的身份证书内页

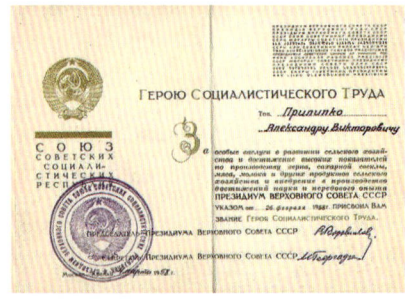

◀ 第三版本的身份证书内页

▲ 第二版本的奖励记录证书，可以看到米哈伊尔·萨莫杜洛夫的镰刀锤子金质奖章的编号为376

◀ 第三版本的奖励记录证书，可以看到亚历山大·列伊班德的镰刀锤子金质奖章的编号为8005

第四版本： 苏联国徽上缠绕在麦穗上的飘带为15圈。其大型奖章和身份证明的内容和前几个版本不一样，在文字 "ПРИСВОИЛ ВАМ ЗВАНИЕ ГЕРОЯ СОЦИАЛИСТИЧЕСКОГО ТРУДА"（意为授予你"社会主义劳动英雄"称号）的后面加上了一句话 "С ВРУЧЕНИЕМ ОРДЕНА ЛЕНИНА И МЕДАЛИ СЕРП И МОЛОТ"（列宁勋章和镰刀锤子金质奖章）。

获得者

"社会主义劳动英雄"称号和"苏联英雄"称号都是苏联最高的荣誉称号，并且它们在许多方面都有相似之处：例如他们都会被授予相似的金星奖章、列宁勋章和大型奖状，还会获得一系列的福利。但是"社会主义劳动英雄"称号不授予外国人。

"劳动英雄"称号最早出现在1921年，是授予彼得格勒和莫斯科工人中的佼佼者的荣誉称号。获得者会被列入思想积极进步的工人名单，其事迹也将公布在报纸上。1922年，"劳动英雄"称号获得者将获得俄罗斯苏维埃社会主义联邦共和国劳动红旗勋章。

1927年7月27日，苏联中央执行委员会和苏联人民委员部决议设立"劳动英雄"称号，授予有特殊贡献或工作超过35年的工人。称号由苏联或者加盟共和国的主席团授予，获得者会得到一份特殊的奖励证书。

十年后的1938年12月17日，苏联最高苏维埃主席团设立"社会主义劳动英雄"称号。称号获得者除了被授予大型奖状外，还会被授予列宁勋章。特别的镰刀锤子金质奖章是1940年5月22日通过法令设立的。1973年5月14日，苏联最高苏维埃主席团又发布了关于"社会主义劳动英雄"称号的新规定，取消了最多只能获得三次"社会主义劳动英雄"称号的规定。但是这里需要说明的是，没有一个人获得过四次"社会主义劳动英雄"称号。1988年，重复授予列宁勋章的规定被废除，列宁勋章只授予一次，这也是"社会主义劳动英雄"称号规定的最后一次修改。三年后的1991年，"社会主义劳动英雄"称号随着苏联的解体而不复存在。

1939年12月20日，苏联最高苏维埃主席团发布命令，授予苏联共产党（布尔什维克）总书记斯大林"社会主义劳动英雄"称号。这是该称号的第一次授予。镰刀锤子金质奖章设立后，斯大林获得了编号为1的奖章。在接下来的十年中，"社会主义劳动英雄"称号仅仅只授予在战争年代研制出新型武器装备和表现出劳动英雄主义的人。1940年1月2日，第二位"社会主义劳动英雄"称号授予了著名的轻武器设计师瓦西里·阿列克谢耶维奇·杰格佳廖夫，后来他获得了编号为2的镰刀锤子金质奖章。1940年10月28日，苏联最高苏维埃主席团发布命令，授予飞机设计师尼古拉·尼古拉耶维奇·波里卡尔波夫和亚历山大·谢尔盖耶维奇·雅科夫列夫、轻武器设计师费多尔·瓦西里耶维奇·托卡列夫、航空机炮设计师鲍里斯·加夫里洛维奇·什皮塔利内、炮兵武器设计师瓦西里·加夫里洛维奇·格拉宾、火炮设计师米哈伊尔·雅科夫列维奇·科鲁普恰特尼科夫、火炮设计师和科学家伊里亚·伊万诺维奇·伊万诺夫、航空发动机设计师亚历山大·亚历山德罗维奇·米库林、火箭设计师弗拉基米尔·雅科夫列维奇·克利莫夫"社会主义劳动英雄"称号。

接下来的"社会主义劳动英雄"称号的授予都在战争时期。1941年8月1日，茹可夫斯基中央空气流

▲ 社会主义劳动英雄、世界上第一名远洋轮船女船长——安娜·伊万诺娃·斯切提妮娜

▲ 佩戴着镰刀锤子金质奖章的斯大林

▲ 瓦西里·加夫里洛维奇·格拉宾，苏联炮兵武器设计师，技术兵上将（1945），技术科学博士（1941），教授（1951）

▲ 瓦西里·阿列克谢耶维奇·杰格佳廖夫，炮兵工程勤务少将，杰出的苏联轻武器设计师，1931年任自动枪械设计局局长，荣获四次斯大林奖金（1941、1942、1944、1949）

▲ 费多尔·瓦西里列维奇·托卡列夫，苏联枪械设计师，技术科学博士（1940）

▲ 亚历山大·谢尔盖耶维奇·雅科夫列夫画像。他是上将工程师、两次社会主义劳动英雄（1940、1957）、苏联科学院院士（1976）

汗铸金星：苏联劳动英雄和镰刀锤子金质奖章

▲ 尼古拉·尼古拉耶维奇·波里卡尔波夫，苏联早期的战斗机设计师，被誉为俄罗斯歼击机之父，为苏联设计了80多种飞机。这是他的塑像，手中拿着的就是他所设计的经典战斗机I-16的模型

▲ 亚历山大·亚历山德罗维奇·米库林，苏联航空发动机设计师，苏联科学院院士（1943），少将工程师（1944）

▲ 弗拉基米尔·雅科夫列维奇·克利莫夫，苏联航空发动机制造科学家，航空发动机设计师，工程技术勤务少将（1944），苏联科学院院士（1953），两次社会主义劳动英雄（1940，1957）

◀ 彼特·瓦西里耶维奇·杰缅季耶夫，苏联国务活动家，上将工程师（1976），两次社会主义劳动英雄（1941，1977）

▲ 谢尔盖·阿列克谢耶维奇·恰普雷金，苏联理论学家和空气流体动力学家，苏联科学院院士（1929），俄罗斯联邦功勋科学工作者（1929）

体动力学研究院的科学带头人、空气动力学创始人之一和战斗机试飞的组织者之一谢尔盖·阿列克谢耶维奇·恰普雷金院士获得了"社会主义劳动英雄"称号。在伟大的卫国战争中第一批被授予"社会主义劳动英雄"称号的还包括航空工业人民委员阿列克谢·伊万诺维奇·沙胡林、第一副航空工业人民委员彼特·瓦西里耶维奇·杰缅季耶夫、帕维尔·安德烈耶维奇·沃罗宁、古比雪夫飞机制造厂（生产伊尔-2攻击机）厂长阿纳托利·吉洪诺维奇·特列季亚科夫（根据苏联最高苏维埃主席团1941年9月8日命令）；还有KV系列坦克的设计师约瑟夫·雅科夫列

▲ 约瑟夫·雅科夫列维奇·科京可以说是20世纪最伟大的坦克设计师之一,他所设计的KV系列坦克成为一代经典

▲ 谢尔盖·弗拉基米罗维奇·伊柳辛,苏联飞机设计师,上将工程师(1967),苏联科学院院士(1968),三次社会主义劳动英雄(1941,1957,1974)

▲ 伊萨克·莫伊谢耶维奇·扎里茨曼,苏联国务活动家,少将工程师(1945)

▲ 迪米特里·费多洛维奇·乌斯季诺夫,苏联党务和国务活动家、军事家,苏联元帅,他分别于1942年和1961年获得了"社会主义劳动英雄"称号

▲ 鲍里斯·利沃维奇·万尼科夫,苏联国防工业组织者之一、炮兵工程勤务上将(1944)

维奇·科京和列宁格勒的基洛夫工厂厂长伊萨克·莫伊谢耶维奇·扎里茨曼(根据苏联最高苏维埃主席团1941年9月19日命令);以及飞机设计师谢尔盖·弗拉基米罗维奇·伊柳辛(根据苏联最高苏维埃主席团1941年11月25日命令)。

　　1942年,武器装备人民委员迪米特里·费多洛维奇·乌斯季诺夫被授予"社会主义劳动英雄"称号。弹药人民委员鲍里斯·利沃维奇·万尼科夫也于1942年被授予"社会主义劳动英雄"称号,他先后在1942年、1949年和1954年三次被授予"社会主义劳动

▲ 亚历山大·亚历山大罗维奇·莫罗佐夫，T-34坦克主设计师，工程坦克勤务少将（1945），技术科学博士（1972），两次社会主义劳动英雄（1942，1974）

▲ 阿尔卡季·德米特里耶维奇·什韦佐夫，苏联航空发动机设计师，工程技术勤务中将（1948），技术科学博士（1940）

英雄"称号。T-34坦克的设计师之一亚历山大·亚历山德罗维奇·莫罗佐夫和航空发动机设计师阿尔卡季·德米特里耶维奇·什韦佐夫也在1942年被授予"社会主义劳动英雄"称号。

1943年，"社会主义劳动英雄"称号开始授予苏联党和国家领导人。苏共中央书记、国防委员会委员格奥尔基·马克希米利安洛维奇·马林科夫、外交人民委员瓦谢斯拉夫·米哈伊洛维奇·莫洛托夫、内务人民委员拉夫连季·帕夫洛维奇·贝利亚、国家经济振兴委员会委员阿纳斯塔斯·伊万诺维奇·米高扬获得了"社会主义劳动英雄"称号。此外，军事委员会委员拉扎尔·莫伊谢耶维奇·卡冈诺维奇、钢铁冶炼人员委员伊万·费多罗维奇·捷沃斯扬、煤炭工业人员委员瓦西里·瓦西里耶维奇·瓦克鲁谢夫、乌拉尔重型机械厂厂长鲍里斯·格列波维奇·穆兹鲁科夫（因成功生产出大量T-34坦克）、车里雅宾斯克拖拉机厂厂长Ю·E·马斯卡列夫、飞行设计师谢苗·阿列克谢耶维奇·拉沃奇金也获得了"社会主义劳动英雄"称号。其中穆兹鲁科夫和拉沃奇金都是两次"社会主义劳动英雄"称号获得者。1947至1953年间，穆兹鲁科夫领导的另一家综合工厂成功地提炼出钚，为苏联第一颗原子弹的研制成功立下汗马功劳。他还获得了三枚列宁勋章、一枚十月革命勋章、一枚库图佐夫一级勋章、一枚一级卫国战争勋章，以及一次列宁奖金和两次斯大林奖金。

1943年11月5日，苏联最高苏维埃主席团发布命令，授予127名铁路工人和保护铁路的士兵"社会主

▲ 佩戴劳动金星奖章的拉夫连季·帕夫洛维奇·贝利亚画像

义劳动英雄"称号，以表彰他们在战争时期忘我的劳动，为国民经济和保障铁路运输畅通而做出的贡献。这是"社会主义劳动英雄"称号第一次大规模地授予。这127名工人和士兵中就有第一批女性"社会主义劳动英雄"称号获得者，她们是火车驾驶员叶莲

世界经典制服徽章艺术

◀ 鲍里斯·格列波维奇·穆兹鲁科夫,工程坦克勤务少将,两次社会主义劳动英雄(1943、1949)

▲ 维亚切斯拉夫·亚历山德罗维奇·马雷舍夫(左),苏联国务活动家,工程技术勤务上将(1945)

◀ 谢苗·阿列克谢耶维奇·拉沃奇金,苏联飞机设计师,工程技术勤务少将(1944),苏联科学院通讯院士(1958),两次社会主义劳动英雄(1943、1956)

▲ 费多尔·费多罗维奇·彼得罗夫,苏联火炮设计师,中将工程师(1966),技术科学博士(1947)

◀ 叶莲娜·米洛罗芙娜·丘赫纽克,苏联资深火车司机,苏联荣誉铁路工作者(1941)

设计师费多尔·费多罗维奇·彼得罗夫和苏联最高苏维埃主席团主席米哈伊尔·伊万诺维奇·加里宁(在苏维埃政权最高机关岗位上工作整整25年)被授予"社会主义劳动英雄"称号。

1945年6月,著名的"波波沙"冲锋枪的设计者格奥尔吉·谢苗诺维奇·什帕金、迫击炮和火箭炮设计师鲍里斯·伊万诺维奇·沙维林、中将工程师米哈伊尔·瓦西里耶维奇·克鲁尼切夫(从1946年开始担任苏联航空工业部部长)、库夫诺夫兵工厂厂长福明、飞机设计师安德列·尼古拉耶维奇·图波列夫和

娜·米洛罗诺芙娜·丘赫纽克、车站值班员安娜·彼特诺娃·扎尔科娃和扳道工领班安东尼娜·尼古拉耶芙娜·亚历山德罗娃。

1944年,苏联人民委员会副主席兼坦克工业人民委员维亚切斯拉夫·亚历山德罗维奇·马雷舍夫、石油工业人民委员伊万·科尔涅耶维奇·谢京、火炮

汗铸金星：苏联劳动英雄和镰刀锤子金质奖章

坦克设计师尼古拉·列昂尼多维奇·杜霍夫（斯大林-3重型坦克主设计师）被授予"社会主义劳动英雄"称号。图波列夫和杜霍夫都是三次社会主义劳动英雄。同时，该称号授予了许多的科学工作者，其中包括：医生阿列克谢·伊万诺维奇·阿布里科索夫和列昂·阿布加诺维奇·奥尔贝里、冶金家伊万·帕夫洛维奇·巴丁、数学家伊万·马特维耶维奇·维诺格拉多夫、著名的有机化学家Н·Д·扎林斯基、农学家德米特里·尼古拉耶维奇·普里亚什尼科夫和特罗菲姆·邓尼索维奇·李森科、考古学家和语言学家伊万·伊万诺维奇·梅斯查里诺夫等等。

战前和卫国战争时期总共授予了201人"社会主义劳动英雄"称号。

大家所熟知的小说《静静的顿河》的作者米哈伊尔·亚历山德罗维奇·肖洛霍夫在战争期间两次被授予"社会主义劳动英雄"称号。他1939年获得列宁勋章，1941年获得斯大林奖金，1960年获得列宁文学奖金，并获其他多种荣誉。1965年他获得诺贝尔文学奖。1984年肖洛霍夫在出生地克鲁齐林诺村去世。

◀ 尼古拉·列昂尼多维奇·杜霍夫，苏联力学家，重型坦克设计师，工程技术勤务中将，苏联科学院通讯院士，三次社会主义劳动英雄（1945，1949，1954）

◀ 阿列克谢·伊万诺维奇·阿布里科索夫，俄罗斯和苏联医疗病理学家，苏联科学院医学院士（1944），图中他佩戴了列宁勋章

▼ 安德列·尼古拉耶维奇·图波列夫，苏联飞机设计师，上将工程师（1967），三次社会主义劳动英雄（1945，1957，1972）

◀ 列昂·阿布加诺维奇·奥尔贝里，俄罗斯和苏联病理学家，进化心理学创始人之一，苏联科学院医学院士（1944），苏联科学院院士（1935），苏联科学院副院长（1942—1946），医疗勤务中将，他发表了超过130篇论文

▲ 伊万·马特维耶维奇·维诺格拉多夫，苏联数学家，苏联科学院院士（1929），两次社会主义劳动英雄（1945，1971），图中佩戴着镰刀锤子金质奖章

▲ 特罗菲姆·邓尼索维奇·李森科，苏联生物学家、农家，苏联科学院院士（1939），乌克兰科学院院士（1934），图中他佩戴着列宁勋章

▼ 伊万·帕夫洛维奇·巴丁，苏联冶金家，苏联科学院院士（1932）

▼ 伊万·伊万诺维奇·梅斯查里诺夫，苏联考古学家、语言学家，苏联科学院院士（1932），图中他佩戴者镰刀锤子金质奖章

▼ 德米特里·尼古拉耶维奇·普里亚尼什尼科夫，俄罗斯农业化学家、生物化学家和植物生理学家，苏联农业化学科学院创始人，苏联科学院院士（1929），苏联科学院农学院士（1936），苏联国家计划委员会委员

两次社会主义劳动英雄、诺贝尔文学奖获得者——米哈伊尔·亚历山德罗维奇·肖洛霍夫

▲ 米哈伊尔·亚历山德罗维奇·肖洛霍夫

米哈伊尔·亚历山德罗维奇·肖洛霍夫1905年生于顿河维辛克镇克鲁齐林诺村的一个磨坊主家庭,在1918年辍学后曾当过办事员,参加过武装征粮队。1922年他去莫斯科,当过小工、泥水匠和会计等,1923年加入莫斯科共青团作家和诗人的文学团体"青年近卫军",发表杂文《考验》、《三人》和《钦差大臣》,1924年加入俄罗斯无产阶级作家联合会,同年发表第一篇短篇小说《胎记》。1926年他发表了中短篇小说集《顿河故事》和《浅蓝色的原野》,而后返回故乡,从事专业写作。

1926年肖洛霍夫开始构思长篇巨著《静静的顿河》,经过14年时间,四卷本分别于1928、1929、1933、1940年出版。该小说诗歌文学作品和小说主人公在苏联引起多次争论,但由于它在苏联文学史上,别开生面地反映了广阔的历史画面,生动真实地表现了哥萨克民族在1912年至1922的动荡岁月中的历史,这部小说仍然获得了广泛的声誉,并于1941年获得斯大林奖金。在此期间,肖洛霍夫还发表了《被开垦的处女地》的第一部(1932),第二部于1959年发表,全书反映了布尔什维克党领导下,苏联个体农民走上了社会主义集体化道路的过程,具有浓烈的生活气息。小说的成功使作家在苏联文学界地位进一步提高。

卫国战争期间,肖洛霍夫作为随军记者,在前线又写下许多随笔和短篇小说。其中主要有特写《在顿河》(1914年)、《在顿河上》(1941年),《在哥萨克集体农庄里》(1941年)和《战俘》等。短篇小说有《憎恨的科学》(1942年)和长篇小说《一个人的遭遇》(1956~1957年),从战争给人带来的灾难和心灵创伤的角度来写战争,对战争进行反思,开拓了战争文学的新邻域,在国内外引起强烈反响。

1965年,肖洛霍夫"由于他在描绘顿河的史诗式的小说诗歌文学作品中,以艺术家的力量和正直,表现了俄国人民生活中的具有历史意义的面貌"而获得了诺贝尔文学奖。他支持从第二次世界大战结束至斯大林死后解冻的苏联文学界的高压政策,因而声誉下降,但在人民中间仍受尊敬。1984年,肖洛霍夫在出生地克鲁齐林诺村去世。

▲ 莫斯科的肖洛霍夫纪念碑

▲ 老年时期的肖洛霍夫

▲ 正在签名的肖洛霍夫

▲ 由苏联画家鲍里斯·库佐迪耶夫所作反映彼得·利奥尼多维奇·卡皮查和另外一位杰出的苏联化学家尼古拉·谢苗诺夫工作场景的油画

  杰出的低温物理学家彼得·利奥尼多维奇·卡皮查先后在1945年和1974年两次获得"社会主义劳动英雄"称号。他在1939年成为苏联科学院院士，1941年和1943年两次获得斯大林奖金，先后六次获得列宁勋章。特别是在1944年，卡皮查由于在磁学和低温领域中的贡献获得了美国费城富兰克林学院授予的富兰克林奖章，是第一个获此荣誉的苏联科学家。1978年，他因为40年前在低温物理学领域中的根本性的发现和发明而获得诺贝尔物理学奖，这是对他科学贡献的最大肯定和最高荣誉。

  1947年，"社会主义劳动英雄"称号第一次授予了获得巨大丰收的集体农场小组。战前成立的首个拖拉机运输队的组织者帕莎·尼基塔奇娜·安吉丽娜获得了"社会主义劳动英雄"称号。1949年，"社会主义劳动英雄"称号第一次也是最后一次授予学生，塔吉克苏维埃社会主义共和国少先队员图尔苏那里·马特卡兹洛夫因创造了一公顷产9000公斤棉花的收割记录而获此殊荣，格鲁吉亚苏维埃社会主义共和国的少先队员哈捷列·切列巴茨耶因为辛勤的耕耘收获了6吨茶叶而获此殊荣。

  1949年8月29日，苏联成功试爆了第一颗原子弹，因此许多研制者都获得了"社会主义劳动英雄"

汗铸金星：苏联劳动英雄和镰刀锤子金质奖章

▲ 伊格尔·瓦西里耶维奇·库尔恰托夫，苏联物理学家，苏联原子弹之父，苏联原子能研究所创始人和第一任所长（1943~1960），苏联科学院院士（1943）

▲ 帕莎·尼基塔奇娜·安吉丽娜，第一个"五年计划"的"斯达汉诺夫运动"的著名参与者，两次社会主义劳动英雄（1947年9月13日，1958年2月26日）

▼ 尤里·鲍里索维奇·哈里顿，苏联理论物理学家和化学家，苏联原子弹工程的领导人之一，三次社会主义劳动英雄（1949、1951、1954）。图中他和泽尔多维奇在一起

称号。这其中包括伊格尔·瓦西里耶维奇·库尔恰托夫、雅科夫·鲍里索维奇·泽尔多维奇、尤里·鲍里索维奇·哈里顿和基里尔·伊万诺维奇·晓尔京。1954年1月4日，苏联又成功试爆了第一颗氢弹，因此苏联物理学家、后被大家称为苏联氢弹之父的安德烈·季米特里耶维奇·萨哈罗夫获得了"社会主义劳动英雄"称号。

▼ 雅科夫·鲍里索维奇·泽尔多维奇，苏联著名的理论天体物理学家，苏联科学院院士（1958），技术科学博士（1939）

▼ 基里尔·伊万诺维奇·晓尔京，车里雅宾斯克-70核研究所主设计师和首席科学家，苏联原子弹工程的领导人之一，三次社会主义劳动英雄（1949、1951、1954），苏联科学院院士（1953）。图为他100周年诞辰发行的明信片

三次社会主义劳动英雄、苏联氢弹之父——安德烈·季米特里耶维奇·萨哈罗夫

▲ 安德烈·季米特里耶维奇·萨哈罗夫，三次社会主义劳动英雄（1954年1月4日，1956年9月11日，1962年3月7日），苏联科学院院士

安德烈·季米特里耶维奇·萨哈罗夫1921年出生于莫斯科，1938年进入莫斯科大学学习，1947年取得哲学博士学位。

二战结束后，萨哈罗夫开始对宇宙射线的研究。1948年，他参与了伊格尔·瓦西里耶维奇·库尔恰托夫领导的苏联原子弹计划。苏联在1953年8月12日对研制的第一种核聚变装置进行了测试。同年，萨哈罗夫获得了技术科学博士学位，被选为苏联科学院院士。随后萨哈罗夫继续主导研发苏联首枚百万吨级氢弹，并在1955年进行了测试。有史以来曾引爆的破坏力最大的核武器——沙皇炸弹也是基于萨哈罗夫的设计制造的。20世纪50年代后期，萨哈罗夫开始关注他工作所牵涉的道德和政治问题。60年代他开始活跃于政坛，反对核武器扩散，推动各国停止在地面进行核试验，也参与促成了部分禁止核试验条约在1963年的签署。

1967年当反弹道导弹成为美苏关系的重要议题时，萨哈罗夫的政治生涯出现了转折点。1967年7月21日萨哈罗夫给苏联领导人写了一封信，信中提到苏联

▲ 正在讲解的萨哈罗夫

▲ 萨哈罗夫正在演讲，他被美国《时代》周刊称为"20世纪的巨人"

▲ 中年时期的萨哈罗夫

汗铸金星：苏联劳动英雄和镰刀锤子金质奖章

应该接受美国的建议，共同放弃对反弹道导弹的研发，否则针对这项新技术的军备竞赛将增加核战的可能性。他也请求领导人批准他在苏联一份报章上发表文章，解释反弹道导弹的危险性。当局没有理会这封信，并禁止他在苏联出版书籍展开对这个议题的讨论。

1968年5月，萨哈罗夫写了一篇文章，指出反弹道导弹是核战威胁的一个主要因素。这篇文章作为地下出版物被传播并在苏联境外出版后，萨哈罗夫被禁止参与军事有关的研究。之后他返回列别杰夫物理学院修读普通理论物理学。七十年代，他与瓦列里·查里兹和安德烈·特韦尔多赫列博夫共同创立莫斯科人权委员会，并因而面对当局更大的压力。

1973年，萨哈罗夫获得了诺贝尔和平奖的提名，翌年他获得了奇诺·德尔杜卡世界奖，1975年，他获得了诺贝尔和平奖。但苏联禁止他离境领奖，他的妻子叶莲娜在颁奖典礼上代他宣读演讲词。1988年，萨哈罗夫获得国际人道和伦理联合会颁发的国际人道主义奖。后来萨哈罗夫协助了苏联最早的一批独立政治组织的成立，并成为苏联反对势力中主要一员。1989年3月，萨哈罗夫当选为苏联人民代表大会的成员，成为民主改革势力的领导者之一。1989年12月14日，萨哈罗夫死于心脏病发，终年68岁，他的遗体埋葬在莫斯科沃斯特里亚科夫斯基耶公墓。

萨哈罗夫是苏联著名的核物理学家，曾被称作苏联的"氢弹之父"。诺贝尔奖评选委员会主席在颁奖仪式上对萨哈罗夫作了如下评价："安德烈·萨哈罗夫对和平做出了巨大贡献，他以伟大的自我牺牲精神，在极端困难的条件下，以卓有成效的方式，为实施赫尔辛基协议所规定的各项价值观念而进行了斗争。他为捍卫人权、裁军和所有国家之间的合作而进行的斗争，其最终目的都是为了和平。"

▲ 正在苏联人民代表大会上发表演讲的萨哈罗夫

▲ 苏联1991年发行的萨哈罗夫的邮票

1950年6月17日，根据苏联最高苏维埃主席团发布的命令，集体农场第一次被授予了"社会主义劳动英雄"称号。其中，女棉农巴斯季·马希姆·巴基诺娃和玛赫姆达雷·莎玛玛·哈萨诺娃都是第二次获得该荣誉。苏联物理学家、凝聚态物理学的奠基人列夫·达维多维奇·朗道在1954年被授予"社会主义劳动英雄"称号，他还于1962年获得了诺贝尔物理学奖。

苏联英雄、苏联元帅克利缅特·叶夫列莫维奇·伏洛希洛夫在1960年5月7日被授予"社会主义劳动英雄"称号。笔者认为这是为了表彰他在1953年到1960年担任苏联最高苏维埃主席团主席时所做出的贡献。

1961年，苏联著名火箭和航天系统总设计师、苏联科学院院士、载人航天的开创者谢尔盖·帕夫洛维奇·科罗廖夫获得了"社会主义劳动英雄"称号，这是他第二次获得此荣誉。科罗廖夫于1957年获列宁奖金，还获得过3枚列宁勋章和1枚荣誉勋章。月球背面最大的环形山就是以他的名字命名的。同年第二次获得"社会主义劳动英雄"称号的还有大力支持发展火箭技术的苏联部长会议副主席迪米特里·费多洛维奇·乌斯季诺夫。1978年他被授予"苏联英雄"称号，此时他是中央政治局委员、国防部长。"社会主义劳动英雄"称号还授予了参与实行第一次载人航天飞行的许多设计师、工程师、技术人员和工人。参与制定"远东规划"的一些党的领导人也获得了"社会主义劳动英雄"称号，这其中就包括时任苏联最高苏维埃主席团主席的列昂尼德·伊里奇·勃列日涅夫。

▲ 巴斯季·马希姆·巴基诺娃，某集体农场主席，两次社会主义劳动英雄（1947年3月19日，1950年6月17日），图为苏联发行的巴基诺娃的明信片

▲ 克利缅特·叶夫列莫维奇·伏洛希洛夫，苏联领导人，著名的政治家、军事家和国务活动家，苏联元帅，这是他的画像

▲ 凝聚态物理学的奠基人列夫·达维多维奇·朗道（右），其最著名的贡献有"朗道十诫"，图中是1961年他和自己的老师尼尔斯·波尔在莫斯科国立大学物理系的台阶上

▲ 弗拉基米尔·尼古拉耶维奇·切罗梅伊，苏联力学和控制程序科学家，航空、火箭和航天技术设计师，苏联科学院院士（1962），两次社会主义劳动英雄（1959，1963）

▲ 佩戴三枚金星奖章和一枚镰刀锤子金质奖章的列昂尼德·伊里奇·勃列日涅夫

汗铸金星:苏联劳动英雄和镰刀锤子金质奖章

两次社会主义劳动英雄、第一枚洲际弹道导弹总设计师——谢尔盖·帕夫洛维奇·科罗廖夫

▲ 谢尔盖·帕夫洛维奇·科罗廖夫,苏联在20世纪50年代至60年代与美国太空竞赛时的火箭工程师与设计师领导;20世纪航天事业的先驱之一

谢尔盖·帕夫洛维奇·科罗廖夫(Сергей Павлович Королёв),苏联导弹、火箭和航天器设计师。1906年12月30日,科罗廖夫出生在乌克兰日托米尔的一个农民家庭。18岁考入基辅工学院空气动力学专业,两年后转学到莫斯科鲍曼高等工艺学院学习。毕业以后,科罗廖夫正式加入了闻名遐迩的飞机设计师图波列夫创立的飞机设计局,成了一个出色的飞机设计师和新飞机试飞员。科罗廖夫不满足于在大气层中飞行,他的理想是到宇宙空间中去翱翔。30年代初,他结识了著名的火箭理论家齐奥尔科夫斯基,开始研究大型火箭。1932年他成为小组的负责人,次年,廖夫担任新成立的喷气科学研究所的副所长,很快取得火箭研究和试验的许多成果。1936年,他成功地设计出苏联的第一代火箭飞机,还相继出版了《火箭发动机》和《火箭飞行》等著作。

在1937年开始的大清洗中,科罗廖夫因莫须有的阴谋颠覆罪遭到指控,被判十年徒刑,押解到西伯利亚罚做苦役。这位年仅而立之年、风华正茂的年轻设计师,来到一个荒无人烟的小岛,成了一个开挖金矿的苦工。几年后,经有关部门多次申请,科罗廖夫获得减刑,被调到一家监狱工厂,以戴罪之身进行军用火箭研究。在一次试验中,液体火箭发动机爆炸,他被炸得头破血流,却庆幸因自己身在现场,终于找到了爆炸的真正原因。1944年,科罗廖夫被提前释放。

二战结束后,科罗廖夫和同事们利用德国专家的智慧和V-2火箭的大量资料,在一年时间里,研制、发射成功苏联第一枚弹道式导弹。1947年至1953年间,已是导弹总设计师的科罗廖夫,取得了一连串重要成果,包括仿制和自行设计的近程、中程、远程和战术导弹,中程导弹试验成功后即开始装备部队。从1953年开始,他开始领导研制P-7洲际弹道导弹,1956年又将P-7号导弹改装成准备发射人造地球卫

▲ 科罗廖夫和苏联第一代航天员在一起

▲ 科罗廖夫和加加林、捷列什科娃等著名的航天员在一起,从某种程度上来说,是科罗廖夫成就了他们

169

▲ 科罗廖夫在苏联科学院做报告

星的运载火箭。1957年8月3日，这枚行程可达7000公里，能够打到美国本土的洲际导弹试飞成功。

齐奥尔科夫斯基可以说是影响了科罗廖夫一生的人物。在一次会面中，他提出了"火箭列车"的设想："一列火车可以有十节车厢，也可以有十五节车厢，一切就看载客量大小而定。这火箭，是不是也来个'列车'呢？"科罗廖夫豁然开朗，此后他不断完善"火箭列车"的设想，最后，发射卫星用的运载火箭由P-7洲际导弹改装，定名为"卫星号"运载火箭。它由中央芯级和四个助推级火箭捆绑而成，共用20台主发动机和12台游动发动机。火箭全长29.167米，最大宽度10.3米，起飞重量267吨，起飞推力达398吨，这是当时世界上最大的运载火箭。1957年10月4日上午火箭发射成功，人类从此进入宇宙航行时代。不及一个月，为了给载人航天预做试验，苏联又发射了一颗载有名叫莱依卡的小狗的"卫星"2号。在科罗廖夫几近狂热、顽强的推动下，苏联航天部门在围绕一个目标加速运转，即将人真正送入太空。

为准备首次载人太空飞行，苏联宇航局从1960年3月开始招募宇航员，这期间训练了至少20名宇航员，但大多数受训人员因种种原因被淘汰，最终只剩下6人，其中包括尤里·加加林。加加林得以被选中的原因是，他驾驶过雅克-18、米格-15、米格-17、米格-21、伊尔-14等机型的飞机，头脑清醒、技术全面，他的各种测验和考试成绩几乎都是优秀。加上他无可争辩的品格：坚定的爱国精神、对飞行成功的坚定信念、随机应变的智能、果断、镇静、谦逊和热忱。

1961年初，尽管"东方号"飞船的总设计师向科罗廖夫指出，运载火箭和宇航飞船的安全指数目前只能达到50%，但科罗廖夫还是决定铤而走险：必须领先美国人数周，进行第7次"东方号"载人飞船发射。

1961年4月12日上午，重约4.73吨的"东方号"飞船由火箭送上太空。官方急于表明苏联又将美国甩在了后面，塔斯社奉命向全世界发布了一则消息："尤里·加加林少校驾驶的飞船在离地球169千米和314千米之间的高度上绕地球运行。飞船的轨道与赤道的夹角是64.95度。飞船飞经世界上大多数有人居住的地区上空。"其实，飞船在返回途中险象环生：先是飞船气密传感器发生故障，接着通信线路一度中断。第三级火箭脱离后，飞船出现急剧旋转。接近大气层时，飞船几度胡乱翻滚，令地面上的科罗廖夫血喷心悬。因殚精竭虑的劳累，精神上长期的亢奋，以及复杂的人事纠葛，科罗廖夫的心脏病越来越严重。1966年1月5日，科罗廖夫住进了医院。在医院里科罗廖夫也坚持工作，他不时从口袋里掏出他随身带着的笔记本写经验体会，不断打电话了解工作进展情况。1966年1月，科罗廖夫去世。苏联为其举行了国葬，葬于克里姆林宫红场墓园。

▲ 哈萨克斯坦拜科努尔航天基地里矗立的科罗廖夫塑像

汗铸金星：苏联劳动英雄和镰刀锤子金质奖章

1964年，"社会主义劳动英雄"称号授予了在文化领域做出突出贡献的雕刻家谢尔盖·季莫费耶维奇·柯宁科夫。苏共中央总书记（1953~1964）、苏联部长会议主席（1958~1964年）尼基塔·谢尔盖耶维奇·赫鲁晓夫是三次社会主义劳动英雄，1964年，他在70岁生日的时候被授予"苏联英雄"称号。1968年9月，苏联当代最有名望的教育家苏霍姆林斯基获"社会主义劳动英雄"称号，自1957年起，他一直是俄罗斯联邦科学院通讯院士，1968年起任苏联科学院通讯院士，1969年获乌克兰苏维埃共和国功勋教师称号，并获2枚列宁勋章和1枚红星勋章等。

▲ 谢尔盖·季莫费耶维奇·柯宁科夫，苏联科学院院士（1954），苏联人民艺术家（1958）

▲ 苏联教育家瓦西里·亚历山德罗维奇·苏霍姆林斯基

◀ 赫鲁晓夫和埃及领导人纳赛尔在一起，注意其金星奖章和镰刀锤子金质奖章的佩戴位置

1974年，著名的枪械设计师米哈伊尔·季莫费耶维奇·卡拉什尼科夫因为设计出了鼎鼎大名的AK-47自动步枪而第二次被授予"社会主义劳动英雄"称号（第一次是1958年）。他曾在1949年获得斯大林奖金，1964年获得列宁奖金，1971年被图拉设计院授予技术博士学位。他获得过3枚列宁奖章、1枚劳动红旗奖章、1枚十月革命勋章和其他一些勋奖章。1980年，卡拉什尼柯夫的家乡库里亚授予他荣誉市民称号，并给他竖半身铜像。1987年他获得伊热夫斯克（AK-47的生产厂家是伊热夫斯克机器制造厂）荣誉市民称号。同年，作家鲍里斯·尼古拉耶维奇·波列沃依也被授予了"社会主义劳动英雄"称号，波列沃依曾于1956年访问我国，后来写了《旅行中国三万里》一书，对我国人民的建设事业表示了极大的敬意。

在勃列日涅夫执政时期，总共有6人获得了三次"社会主义劳动英雄"称号。他们是苏联科学院主席团主席穆斯季斯拉夫·弗谢沃洛多维奇·凯尔戴什（1971年）、凯尔戴什的继任者阿纳托利·彼得罗维奇·亚历山德罗夫（1973年）、飞机设计师安德列·尼古拉耶维奇·图波列夫（1972年）和谢尔盖·弗拉基米罗维奇·伊柳辛（1974年）、乌兹别克斯坦苏维埃共和国"东方之星"集体农场主席哈姆拉库尔·图尔松库洛维奇·图尔松库洛夫（1973年）、哈萨克斯坦苏维埃社会主义共和国共产党第一书记金姆哈梅塔·阿赫梅多维奇·库纳耶夫和在1984年担任苏共中央总书记、苏联国防委员会主席、苏联最高苏维埃主席团主席的康斯坦丁·乌斯季诺维奇·契尔年科。这一时期军人获得"社会主义劳动英雄"称号的有：伊万·莫伊谢耶维奇·特列季亚克和尤里·弗谢沃洛多维奇·沃金谢夫（1984年2月17日）。

▲ 两次社会主义劳动英雄——米哈伊尔·季莫费耶维奇·卡拉什尼科夫，苏联著名的枪械设计师，就是他设计出了鼎鼎大名的AK-47自动步枪

▼ 鲍里斯·尼古拉耶维奇·波列沃依，苏联记者、小说家，国际和平奖获得者（1959）

▲ 穆斯季斯拉夫·弗谢沃洛多维奇·凯尔戴什，苏联应用数序、应用力学方面的科学家，苏联太空计划的主要组织者之一，苏联科学院院士（1946），先后担任苏联科学院主席团成员、副主席、主席（1961~1978），三次社会主义劳动英雄（(1956, 1961, 1971）

▼ 哈姆拉库尔·图尔松库洛维奇·图尔松洛夫，乌兹别克斯坦农业科学院荣誉院士（1957），三次社会主义劳动英雄（1948, 1951, 1957），图中他（右）正在参加集会

汗铸金星：苏联劳动英雄和镰刀锤子金质奖章

▲ 阿纳托利·彼得罗维奇·亚历山德罗夫，苏联物理学家，物理和数学科学博士，教授，苏联科学院院士（1953），苏联科学院主席团主席（1975~1986），三次社会主义劳动英雄（1954, 1960, 1973）

▲ 伊万·莫伊谢耶维奇·特列季亚克，大将（1976），苏联国防部副部长（1986~1991），防空军总司令（1987~1991），苏联英雄（1945年3月24日），社会主义劳动英雄（1982年2月16日）

▲ 在任时间最短的苏共中央总书记康斯坦丁·乌斯季诺维奇·契尔年科

▲ 金姆哈梅塔·阿赫梅多维奇·库纳耶夫，苏联国务活动家，苏共中央政治局委员（1971年4月9日~1987年1月28日），哈萨克斯坦科学院院士（1952），三次社会主义劳动英雄（1972, 1976, 1982）

▲ 苏联1988年发行的"社会主义劳动英雄"称号设立50周年纪念明信片

"社会主义劳动英雄"称号还授予了著名的电视剧《春天的十七个瞬间》中间谍伊萨耶夫的扮演者维亚切斯拉夫·瓦西里耶维奇·吉洪诺夫。这是该荣誉第一次授予在电影中扮演党卫队军官的苏联演员。

截止到1976年6月1日，总共有4019名工人、7066名集体农场农民、4162名国家农场工人、863名建筑工人、726名运输和通信工人、226名著名的科学家、94名教师和85名公众健康工作者被授予了"社会主义劳动英雄"称号。截止到1976年6月1日，镰刀锤子金质奖章总共被授予了17974次，其中有4793次是授予女性。在整个苏联时期，三次社会主义劳动英雄共有16位；既获得"社会主义劳动英雄"称号又获得"苏联英雄"称号的人仅11位。

社会主义劳动英雄、苏联人民艺术家——维亚切斯拉夫·瓦西里耶维奇·吉洪诺夫

▲ 维亚切斯拉夫·瓦西里耶维奇·吉洪诺夫,苏联人民艺术家(1974),社会主义劳动英雄(1982),列宁奖金和苏联国家奖金获得者

维亚切斯拉夫·瓦西里耶维奇·吉洪诺夫1928年2月8日出生于莫斯科州帕夫洛甫斯基市,父亲是纺织工厂的技师,母亲是幼儿园保育员。1950年吉洪诺夫毕业于全苏国立电影学院表演系。

1948年,苏联电影大师谢尔盖·格拉西莫夫执导《青年近卫军》,吉洪诺夫在片中饰演沃洛佳·奥希穆辛。吉洪诺夫的银幕成名作是《这事发生在宾科沃》,他在影片中扮演青年拖拉机手马特维·莫罗科夫。后来他参加演出的电影有《在和平的日子里》(1951年)、《马克西姆卡》(1953年)、《不能忘记这件事》(1954年)、《翼上的星》(1955年)、《心儿重新跳动》(1956年)、《宾科夫发生的事》(1958年)、《海军少尉巴宁》(1960年)、《渴》(1960年)、《两种生活》(1961年)、《临风而立》(1962年)、《乐观的悲剧》(1963年)。上述影片中,他大多扮演正面形象,特别是成功地塑造了各个不同时期的军人形象。吉洪诺夫出演的四十多部电影作品中最著名的当属苏维埃电影的不朽之作《战争与和平》(1966~1967年),他在片中扮演安德烈·保尔康斯基公爵,该片曾获奥斯卡最佳外语片奖。

1968年,吉洪诺夫在罗斯托茨基导演的影片《等到星期一》中扮演一个中学校长。他也因为该片在1970年获得了苏联国家奖金。70年代,他自导自演了由前克格勃副主席谢苗·茨维贡的小说改编的系列电影《没有侧翼的战线》(1974年)、《战线后面的战线》(1977年)和《敌后战线》(1982年),扮演主人公游击队长姆兰斯基少校。70年代,他还主演了中国观众熟悉的著名影片《白比姆黑耳朵》(饰作家伊万内奇),还有邦达尔丘克导演的《他们为祖国而战》(饰尼古拉·斯特列里佐夫)和电视系列片《春天的十七个瞬间》。他也以《春天的十七个瞬间》获得了"苏联人民演员"称号和苏联国家奖金。他在该片中扮演二战中潜入柏林的苏联间谍、党卫队旗队长马克西姆·伊萨耶夫,他获取的情报在盟军击败轴心国的战争中起了重要作用,他在危险时刻的临危不乱更是让一代人永不忘怀。

80年代以来吉洪诺夫还出演了《欧洲故事》、《塔斯社授权声明》等十几部影片,1980年因《白比姆黑耳朵》获得苏联最高奖——列宁奖金,1982年获"社会主义劳动英雄"荣誉称号。90年代初,他在我

▲ 1963年6月1日,吉洪诺夫和加加林、捷列什科娃在一起

汗铸金星：苏联劳动英雄和镰刀锤子金质奖章

▶ 吉洪诺夫塑造的苏联间谍、党卫军军官施季里茨的形象影响了数代人，即便是在国内年轻一代当中，也有众多施季里茨迷，这一经典形象已经深入人心

◀《等到星期一》的海报

国导演古榕执导的《红天鹅》一片中扮演舞蹈大师古雪夫。1994年与香港一电影公司合作惊险片《冒险》。年过七旬的吉洪诺夫仍活跃在银幕上，在纪念卫国战争胜利60周年的表现老战士重逢的一部影片中扮演主要角色。

吉洪诺夫75岁的生日时，俄罗斯总统普京邀请他到莫斯科郊外的总统官邸小坐并亲手为他戴上了一枚为祖国服务三级勋章，以表彰他为俄罗斯做出的贡献，并献上鲜花。

对于吉洪诺夫，我们也许只能用这样的语句来形容他———他是银幕上不朽的英雄，苏联人民理想的化身。

▲《春天的十七个瞬间》剧照

三次"社会主义劳动英雄"称号获得者名单

基里尔·伊万诺维奇·晓尔京(1949、1951、1954，车里雅宾斯克-70核研究所主设计师)

阿拉托利·彼得罗维奇·亚历山德罗夫(1954年、1960年、1973年，苏联科学院院士)

穆斯季斯拉夫·弗谢沃洛多维奇·凯尔戴什(1953年、1961年、1971年，苏联科学院院士)

雅可夫·鲍里索维奇·泽尔道维奇(1949、1953、1957，苏联科学院院士)

伊戈尔·瓦西里耶维奇·库尔恰托夫(1949年、1951年、1954年，苏联科学院院士)

安德烈·季米特里耶维奇·萨哈罗夫(1953年、1956年、1962年，苏联科学院院士)

尤里斯·鲍里索维奇·哈里顿(1949、1951、1953，苏联科学院院士)

尼古拉·列昂尼多维奇·杜霍夫(1945年、1949年、1954年，重型坦克设计师)

谢尔盖·弗拉基米多维奇·伊留辛(1941年、1957年、1974年，飞机设计师)

安德列·尼古拉耶维奇·图波列夫(1945年、1957年、1972年，飞机设计师)

鲍里斯·利沃维奇·万尼科夫(1942年、1949年、1954年，中型机械制造部第一副部长)

金姆哈梅塔·阿赫梅多维奇·库纳耶夫(1972年、1976年、1982年，哈萨克苏维埃社会主义共和国共产党中央委员会第一书记)

叶夫·帕夫洛维奇·斯拉夫斯基(1949年、1954年、1962年，机械工业部部长)

哈姆拉库尔·图尔松库洛维奇·图尔松库洛夫(1948年、1951年、1957年，乌兹别克苏维埃社会主义共和国"东方之星"集体农场主席)

列昂尼德·伊里奇·勃列日涅夫(1954年、1957年、1964年，苏共中央第一书记)

康斯坦丁·乌斯季诺维奇·契尔年科(1976年、1981年、1984年，苏共中央总书记)

175

世界经典制服徽章艺术

同时获得过"苏联英雄"和"社会主义劳动英雄"称号的人物名单

约瑟夫·维萨里昂诺维奇·斯大林（苏共中央总书记）

列昂尼德·伊里奇·勃列日涅夫（苏共中央第一书记，苏联最高苏维埃主席团主席和军队最高领导人）

尼基塔·谢尔盖耶维奇·赫鲁晓夫（苏共中央第一书记，苏联部长会议主席）

迪米特里·费多洛维奇·乌斯季诺夫（苏联元帅，国防部长）

克列缅特·叶菲莫维奇·伏罗希洛夫（苏联元帅，苏联最高苏维埃主席团主席）

瓦连京娜·斯婕潘诺芙娜·格里佐杜博娃（著名的女飞行员）

伊万·莫伊谢耶维奇·特列季亚克（大将，苏联国防部副部长兼防空军总司令）

彼特·米罗诺维奇·马谢罗夫（白俄罗斯共产党中央委员会第一书记）

基里尔·普罗科菲耶维奇·奥洛夫斯基（白俄罗斯游击战主要领导人之一）

瓦西里·伊万诺维奇·戈诺夫琴科（克拉斯诺达尔边疆区"亚速"国营农场主席）

彼特·阿法拉舍维奇·特拉日宁（机械技师）

▲ 叶菲姆·帕夫洛维奇·斯拉夫斯基，苏联国务活动家，苏联核武器项目创始人之一及原子工业项目领导人之一，三次社会主义劳动英雄（1949年10月29日，1954年1月4日，1962年3月7日），获得过10枚列宁勋章

◀ 瓦连京娜·斯婕潘诺芙娜·格里佐杜博娃，著名的女飞行员，第一位获得苏联英雄称号的女性（1938年11月2日，金星奖章编号104），社会主义劳动英雄（1986年1月6日）

◀ 瓦基里尔·普罗科菲耶维奇·奥洛夫斯，苏联英雄（1943年9月20日，金星奖章编号1720），社会主义劳动英雄（1958年5月18日）

汗铸金星：苏联劳动英雄和镰刀锤子金质奖章

▲ 瓦西里·伊万诺维奇·戈诺夫琴科，苏联英雄（1945年3月24日），社会主义劳动英雄（1952年5月20日），库班劳动英雄（2005）

◀ 彼特·阿法拉舍维奇·特拉日宁，苏联英雄（1943年4月17日），社会主义劳动英雄（1948年4月26日），卫国战争期间为第150坦克旅的T-34坦克机修工

根据1988年的数据，总共有20370人被授予了"社会主义劳动英雄"称号，其中俄罗斯苏维埃社会主义共和国9760人、乌克兰苏维埃社会主义共和国3651人、白俄罗斯苏维埃社会主义共和国549人、乌兹别克苏维埃社会主义共和国922人、哈萨克苏维埃社会主义共和国1803人、格鲁吉亚苏维埃社会主义共和国1301人、阿塞拜疆苏维埃社会主义共和国557人、立陶宛苏维埃社会主义共和国163人、摩尔达维亚苏维埃社会主义共和国119人、拉脱维亚苏维埃社会主义共和国165人、吉尔吉斯苏维埃社会主义共和国275人、塔吉克苏维埃社会主义共和国410人、亚美尼亚苏维埃社会主义共和国225人、土库曼苏维埃社会主义共和国323人和爱沙尼亚苏维埃社会主义共和国137人。

1990年3月20日，苏联国家足球队的前"门神"列夫·伊万诺维奇·雅辛获得了"社会主义劳动英雄"称号。1991年11月28日，苏联总统发布命令，授予基洛夫市的集体农场主席德米特里·安德里安诺维奇·斯托罗仁"社会主义劳动英雄"称号。1991年12月21日，根据苏联总统发布的第3122号命令，哈萨克苏维埃社会主义共和国国家歌剧院的阿巴雅·比比古里·阿赫米耶托芙娜·图列金诺娃教授因对音乐艺术的发展做出了巨大的贡献而被授予"社会主义劳动英雄"称号，她也是苏联历史上最后一位社会主义劳动英雄。

在苏联的历史上，总共有超过19000位社会主义劳动英雄；总共有160位两次社会主义劳动英雄；总共有16位三次社会主义劳动英雄。

▼ 列夫·伊万诺维奇·雅辛，苏联著名足球运动员，1963年当选欧洲足球先生，这是至今唯一一名获此殊荣的守门员

▼ 阿巴雅·比比古里·阿赫米耶托芙娜·图列金诺娃，苏联女高音歌唱家、演员、教育家，苏联人民艺术家（1967）

其他社会主义国家
的劳动金星奖章

受到苏联意识形态的影响，还有若干社会主义国家也设立"劳动英雄"称号，并设立相应的勋奖章。

▲ 德意志民主共和国劳动金星奖章

▲ 古巴劳动金星奖章

▲ 阿尔巴尼亚劳动金星奖章

▲ 越南劳动金星奖章

汗铸金星：苏联劳动英雄和镰刀锤子金质奖章

▲ 南斯拉夫社会主义劳动英雄勋章

▲ 保加利亚劳动金星奖章

▲ 罗马尼亚劳动金星奖章

▲ 朝鲜劳动金星奖章

179

▲ 蒙古劳动金星奖章。供图/Carsten Zeige

未完的功勋

值得一提的是，2013年3月29日17时，俄总统网站公布了普京签署的一项新总统令——《关于设立俄罗斯联邦劳动英雄称号》。俄罗斯联邦劳动英雄奖章为金质五角星，绶带的颜色是俄罗斯国旗的颜色——白/蓝/红。奖章中心是俄罗斯国徽，背面有突出的"俄罗斯联邦劳动英雄"字样。总统令规定，劳动英雄奖章将首先授予已拥有祖国功勋奖章的人。"劳动英雄"称号的获得者在出席重大庆典活动时，要在左胸佩戴劳动英雄金质奖章，而且此奖章必须要戴在其他奖章之上。根据普京的指示，两次获得"劳动英雄"称号的人员，其家乡要为其竖立半身铜像。

2013年5月1日，俄罗斯总统普京将俄罗斯劳动英雄奖章颁发给矿工弗拉基米尔·梅利尼克、车工康斯坦丁·丘马诺夫、机械师尤里·孔诺夫、医生亚历山大·科诺瓦洛夫、指挥家瓦列里·格尔吉耶夫。

▲ 俄罗斯2014年发行的劳动金星奖章邮票

指文® 武器系列 之"世界舰船"

聚焦世界舰船百年发展，记录搅动近代格局的海上风云！

《英国驱逐舰全史》（两册）　《美国驱逐舰全史》（三册）　《日本驱逐舰全史》　《苏俄驱逐舰全史》（两册）

《日本航空母舰全史》　《英国战列舰全史》（三册）　《英国战列巡洋舰全史》　《巨人的对决——日德兰海战中的主力舰》

烽火戎装
抗战中的国民革命军制服（陆军篇）

作者：周渝[1]

抗日战争时期的中国军队制服究竟是什么模样？恐怕很难有人能够一一罗列清楚。如果翻阅过相当数量的抗战时期老照片，一定会发现当时中国军队所穿的军服并非如影视剧中那般整齐与统一，相反，展现于我们眼前的是各式各样的军帽、五花八门的制服、东西各国的钢盔，即使是相对统一的军衔底板也是多种多样。抗战时期中国军队的武器装备良莠不齐的事实早已广为人知，但除了武器之外，当时我国部队的制服同样是吃着百家饭的"混搭"。之所以出现这样的现象主要有两个原因：其一是地域原因，中国地域广阔，每个地方气候不同，贫富差异也较大；其二是历史原因，自清末以来，中国地方军阀政治逐渐兴起，与中央的关系越来越疏远，民国以后更是进入了军阀割据的乱象，各地军阀在军备上自给自足，政令上亦是各行其是，制服装备自然也不可能统一。

---

[1] 周渝，现任职于人民日报社《国家人文历史》。致力于研究国民革命军制服徽章及战史。于《国家人文历史》、《中华遗产》等公开刊物上发表文章百余篇。

◄ 最著名的一张反映抗战国军将士精神面貌的照片，出自著名的战地记者罗伯特·卡帕之手，登上了美国《生活》杂志的封面，让美国及世界了解了中国抗战的决心，赢得了广泛支持

从民初乱象到黄埔建军

地域广阔与军阀割据是造成中国军队制服不统一的两大远因。地域问题自是不必多说，而军阀政治与制服的演变关系则要追溯到清朝末年。中国军队的制服与国际接轨始于清末新军。自1840年以来，中国在与西方列强的战争中屡战屡败，而清军落后的武器装备与军士穿着的传统号衣也成为西洋军人嘲笑的对象。与此同时，随着"师夷长技以自强"等观念的发展，中国军制开始向西方看齐，这种思潮直接影响了近代中国军服发生巨大转变。

烽火戎装：抗战中的国民革命军制服（陆军篇）

甲午战争战败后，清廷下旨令袁世凯编练一支新军，这支部队除了选兵、练兵的方式皆与之前有较大差异外，在着装上也抛弃传统的满式号衣，改穿西式军服，因此中国第一支近现代化军队新建陆军的组建亦是中国军服向国际化发展的起点。

新建陆军的制服虽趋向于西化，但不少军官头上的帽子依然保留着满式"顶戴花翎"式样，脑后仍然拖着条长长的象征清王朝的辫子。1911年10月10日，武昌起义爆发。革命军主力主要为湖北新军，其后陕西、上海、云南、贵州等地也相继爆发革命，各地农民、学生、会党以及还未编入新式陆军的巡防营

▲ 操练中的清末新军，请注意他们的新式军服

世界经典制服徽章艺术

▲ 辛亥革命时期新军所穿的制服有仿德式和仿日式两种,图为身着德式制服的新军

士兵纷纷起义,一时间剪掉长辫子成了革命军的象征。这一时期的军服十分杂乱,多为新军原有制服。有的人在帽墙上绑上一圈白布,有的人在胳膊上系白毛巾作为参加起义的标志,还有部分留日学生自制日式军服,头戴"铁血十八星"帽徽以响应革命。1912年,清朝灭亡,民国新成,袁世凯就任临时大总统后于当年5月7日谕陆军总长尽快实行军服统一,然而在愈发混乱的时局下,这道政令并未贯彻实行。袁世凯死后,北洋系分裂,军阀连年混战,除了皖系、直系、奉系等几大军事集团外,还有诸多地方割据势力,如桂系、川系、滇系、黔系等。在这大割据的时代,中国的各地部队不仅装备混乱,制服也是五花八门,虽然北洋政府多以仿日式军服为主,但各地军阀的部队却是日式、德式、苏式、英式应有尽有,却又参差不齐。在长达数十年的大割据时代中,有的军阀找到列强作

▲ 奉军将领杨宇霆,请注意他身着的奉军制服与日军昭五式制服几乎一样

▶ 北洋时期的陆军制服多为立领,竖形肩章。图为身着仿日式制服的段祺瑞

▲ 身着黄埔军校军服的周恩来

184　Militaria Collection Publication

烽火戎装：抗战中的国民革命军制服（陆军篇）

▲ 在1924年黄埔军校开学典礼的老照片上还能看出当时制服的混乱程度：照片中的蒋中正（左二）身着黄埔新式军服，而台下几位军人却还穿着北洋时期的竖挂军衔的日式制服，只是他们的帽徽不是北洋军的五色徽，而是青天白日徽

为靠山，制服装备也会偏向该国，例如张作霖的奉军所穿的军服就几乎与日军昭五式制服无异。而军费不足的西北军就只能因陋就简，被其他军阀称为"叫花子军"。到了十多年后的抗战时期，中国虽然实现了形式上的统一，但各地的军阀政治却还有相当的生命力，这种地方势力割据的现象便是战时制服混乱的原因之一。

抗战时期的国军制服尽管布料不同、颜色各异，但在形制上早已不像北洋时期那么混乱不堪，当时军服的基本版型的形成要追溯到黄埔建军。孙中山先生在广州建立黄埔军校后，为与军阀部队区分，黄埔军校以中山服为样板设计了一套颇具特色的制服，在制服与时局同样混乱的民国年间，黄埔建军可以说是近代以来中国军服趋向于统一的起点。

孙中山先生创办黄埔军官学校，聘请苏联顾问，并仿照苏联红军的建军原则和军事制度，训练武装干部。国民革命军（初期称校军、党军，1925年7月起正式称"国民革命军"）也随着黄埔军校的建立而诞生。国民革命军的第一套军服有重要的历史意义：首先，它是属于国民革命军的第一套标准制服，但它却确定了此后十余年国民革命军制服的基本版型；其次，它是第一次国共合作时期的产物，有特殊的象征意义；其三，它在款式风格上别具一格。

黄埔军校的第一套军服若不戴军帽，不佩戴武装带，看上去几乎与普通的中山服无异。中山服是由国父孙中山先生所设计，他曾阐述过该服饰的思想与含义：衣服外的4个口袋代表"四维"（即礼、义、廉、耻）；前襟的5粒纽扣和5个口袋（一个在内侧）分别表示五权宪法学说（行政权、立法权、司法权、考试权，领口纽扣和内侧口袋表示监察权，以彰显监察权的人民监督作用）；左右袖口的3个纽扣则分别表示三民主义（民族、民权、民生）与共和理念（平等、自由、博爱）；衣领为翻领封闭式，表示严谨的治国理念；衣袋上面弧形中间突出的袋盖，笔山形代表重文兴教；背部无缝，表示国家和平统一之大义。

黄埔军校的学员无论官兵，一律着灰蓝色中山服式的军装，戴大檐帽。虽有军职，但服饰上无标识，军队着装统一。据现存实物来看，黄埔建军时期的军服颜色多为灰蓝色，但也有少数为米黄色。这套军服最具特色的是上衣的4个衣袋外置，如同衣服上

185

▲ 黄埔建军可以视为中国军服开始走向统一化的起点，建军后的第一套制服也颇具特色。图为身着建军时期制服的蒋中正

挂着4个口袋一样。在建校初期，无论官兵，在军服上都看不出军衔标识，直到东征开始后部队中才小范围使用了一种军衔臂章，但这些军衔并没有经过国民政府的正式任命。

1928年，随着北洋系崩溃与奉系张学良宣布"东北易帜"，南京国民政府完成了全国形式上的统一，新式的军服亦随之孕育而生。至此，黄埔时代的军服开始逐渐退出历史舞台，而后来抗战时期陆军制服的基本样式也即将在中央部队中出现。

抗战前中国军队的制服演变

1929年1月，南京国民政府正式颁布了《陆军军常服暨礼服暂行条例》，首次对陆军服装进行了统一规定。中原大战后，南京国民政府又于1931年4月颁布《陆军官佐及士兵等级表》，新式军服开始在中央军中实行，并向地方军推广。由于中国与德国在20世纪30年代曾建立了军事合作关系，后来有不少人将这套军服称为"德式军服"，但这一叫法有待商榷，因为只要以同时期的德军制服作比较就会发现两者之间还是存在较大差异。实际上从1924年黄埔建军到1949年的这二十余年内，中国军服都是以中山服为基础版式，再加以每个时代的特有元素设计而成。

南京国民政府时期的新军服样式基本上沿用了北伐时期中山服的样式，但也受日本军服与德国军服的影响，此时期制服的变化最明显的是军帽。由于北伐时期所戴的大檐帽制作不易，且不符合野外实战需求，因而出现了一种圆筒型布制小帽。这种布制小帽来自于德国军事顾问的设计，其基本形式采用了北欧"滑雪帽"的版型，细心的人会发现，它与二战时期德国士兵所配用的帽子非常相似。不过这种作战帽最初用于中国时帽形并不规范，有的帽子上的扣子为1颗，有的则为2颗，直到1936年初颁布《陆军制服条例》后才对各种不同的作战小帽做了规定，一律统一为2颗扣子加帽徽的形制。

尽管新式军服已问世，但中国疆域广阔，各地军队的制服五花八门，加上政令不通达，所以军服的改变也有个循序渐进的过程。例如北伐时期的大檐帽并未在圆筒小帽出现后立即被完全取代，无论是"一·二八"淞沪抗战时的十九路军的旧影像，还是一些高级将领（如张学良、俞济时）的戎装照上都还能发现大檐帽的身影。即使到1936年国民政府在《陆军制服条例》中明令废止大檐帽后，这种帽子依然在不少抗战初期的照片上频频出现，由此可见当时换装过程的困难与坎坷。在此时期，地方军阀部队中的制服装备基本上还处于自给自足的状

烽火戎装：抗战中的国民革命军制服（陆军篇）

▲ 1926年5月，蒋介石与陈洁如合影于黄埔军校，此时他身着黄埔时期的制服

▲ 俞济时（左）、张治中（中）与1932年的上海警备司令戴戟的合影，可以看到俞济时和戴戟头戴大檐帽，而张治中则头戴圆筒帽

▲ 抗战时期的制服因产地、布料、季节、作战区域的不同，颜色也多种多样，同时，军官的礼服与作战服的颜色也不尽相同，因此在同一张照片中常看到军服颜色深浅不一的情况。图为1945年8月23日，中国代表庆祝芷江受降成功，照片从左至右为王耀武、卢汉、张发奎、何应钦、汤恩伯、杜聿明、萧毅肃、柏德纳。图中王耀武、卢汉、杜聿明三人的军装颜色最深，张发奎、汤恩伯、萧毅肃三人的军服为浅色，何应钦的制服颜色则介于两者之间

态。一方面各省名义上服从南京政府，军队同属国民革命军序列，故而在制服的基本版型上也遵从《陆军制服条例》的规定。但另一方面，各地贫富有差距，制服也因地制宜，不可能百分百地与中央同步。例如在李宗仁的桂系部队中就佩戴着一种与日本早期陆军军帽颇为相似的一种圆帽，这种战斗帽直到台儿庄大战时期还在出现。

同时，30年代初期的中国国内还存在着国民革命军序列之外的军队，其中最具代表性的即是由共产党领导的中国工农红军。当时的红军与国民党政权正处于交战状态，制服自然也与政府军不同。如今的影视剧中的红军总是统一整齐地穿戴着灰布军装，领上两片红领章，头戴大红星八角帽。其实历史上的红军因条件限制，军服往往也不能做到如此统一，在诸多老红军的回忆中，甚至不少有穿着国军制服与国军作战的经历。最近解密了一组红军在1937年接受改编之前的影像，照片上的红军头上戴着的并非我们通常在影视剧中看见的八角帽，而是一种类似瓜皮帽的圆顶小帽。

笔者曾经采访过一位叫代廷芳的老红军，问及当年的制服装备时，代廷芳回忆说："红军的帽子上面有个红色的五角星，那时候红军穿的衣服哪样都有，红军没有什么穿的，我们穿的草鞋，到成县那边冷了，就拿棕叶来包着脚……，在红军的时候我没有拿枪，红军用的枪都是老土枪、汉阳造，朱德在南昌起义拿来一些枪，走到贵州来以后，王家烈支持了一些枪。"

抗战军服同形不同色

军服换装有一个由中央军向地方军推而广之的过程。早期的中央军制服是以黄绿色为主，但制服的颜色也因季节而异。以国民革命军第五军（张治中时期）与教导总队这两支嫡系精锐部队为例，他们不仅配备了德国的武器装备，制服也由德国进口的土黄色呢料制成，草黄或棕黄色系的制服多为夏季穿着，进入冬季后则改穿灰色系制服。抗战爆发后，国民革命军第88师在淞沪会战时期所穿的军服采用的是一种近

烽火戎装：抗战中的国民革命军制服（陆军篇）

▲ 抗战胜利之后军服颜色存在差别的现象仍然存在，在这张何应钦接见国军将领的照片上就反映出这种情况

▼ 1941年，国民政府军事委员会特务旅第三团接受检阅。该团身着中央军的制式草黄色野战服，可以从照片上观察到许多制式军服的细节

▲ 两名头戴德式钢盔的国军战士。右边的士官腰带上别着的手枪应属自配手枪，左边的战士衣服上虽然没有佩戴军衔，但从其装备可知他是一名士兵

189

世界经典制服徽章艺术

似青苹果色的布料，而到了南京保卫战时则改穿灰色军服，这是军服颜色因季节而异的一例。中央军尚且如此，各地方部队的制服颜色更是"五彩缤纷"，无法统一。例如七七事变时保卫卢沟桥的29军为灰蓝布军装，阎锡山的晋绥军，共产党的第十八集团军等也多以灰蓝色棉布军服为主，川军中有不少部队的制服为草黄色，而龙云的滇军中甚至出现了一种近似墨蓝色的军服。在中央军与地方军协同作战的战场上，日军往往会看到穿着不同颜色军服的中国军队向他们进攻，故而在他们的宣传画报上，中国军队的制服也是灰、黄、蓝、绿各色皆有。

▲ 三种不同颜色的国军军官制服示意图

国军陆军特种符号
（选自《民国军服图说》一书）

符号佩戴位置	电雷	有线电信	机关枪
	要塞	无线电信	迫击炮
掌工	铁道队	战车	高射机关炮
靴工	铁道炮队	装甲汽车	高射机关枪
司药	缝工	木工	号兵
看护	铁工	鞍工	枪工

陆军官佐常服领章、衔名符号、部队臂章综合图
（选自《民国军服图说》一书）

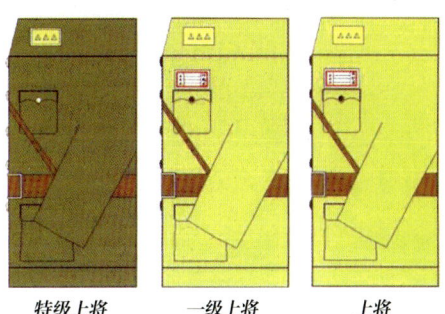

特级上将　一级上将　上将

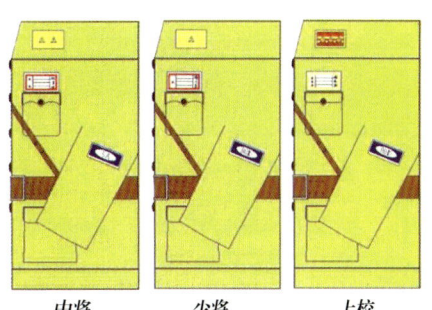

中将　少将　上校

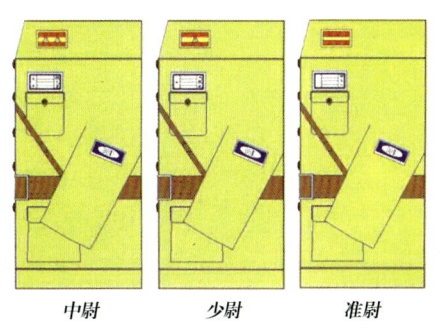

中校　少校　参谋　上尉

中尉　少尉　准尉

军属军校领章
（选自《民国军服图说》一书）

领章佩戴样式　　政治训练员

军法官　军用文员　陆军大学学员

军用技术员　　中央军校学生

军用译述员　　炮兵军校学员

　　抗战时期的制服颜色除了因季节而异之外，也取决于部队驻地的布料颜色。当时中国军队的军服制作一般有两个来源，一是由隶属于部队的被服厂制作供应，一是与民间被服商合作获得。由民间被服制造商供应的制服上通常有"联勤"字样的印章或布标。上海是中国服装工业最为发达的地区之一，不少著名的西服厂商都诞生于此地。20世纪30年代，随着局势愈发动荡，军队被服的需求量迅速增长，许多原本制造西服的厂商开始承接军服的制造及供应。抗战爆发后，国民政府号召各被服供应商随政府内迁，不少私营被服厂积极支援祖国抗战，跟随国民政府一路辗转，从上海迁往武汉、长沙、重庆等地，在残酷的战火中历尽坎坷。为了及时给部队供应大量军服，战争时期被服厂的工人不但常加班加点，一天工作十余个小时，同时还要冒着被日军飞机轰炸的危险。例如1940年日军轰炸祁阳时，随政府内迁的私营华商被服厂就成了日军轰炸的主要目标，工厂被日军炸为废墟，工人死伤不计其数，但"工人们同仇敌忾，带着缝纫机到附近农民家中继续生产"。

　　大批量流水线生产出来的服饰通常由大到小分为5个号，因无法照顾到每个人，不少士兵往往会领

▲淞沪战役时的第八军军长黄杰中将。其所穿为《陆军服制条例》颁布之后的制式将官甲种呢制服。注意其左胸口袋上别有蒋介石肖像章

烽火戎装：抗战中的国民革命军制服（陆军篇）

▲ 抗战时期，更多的中国军队没有头盔，脚穿草鞋，装备简陋，全凭血肉之躯抵挡日寇的进攻

▲ 淞沪战场上的两名国军军官

抗战时期国军军衔

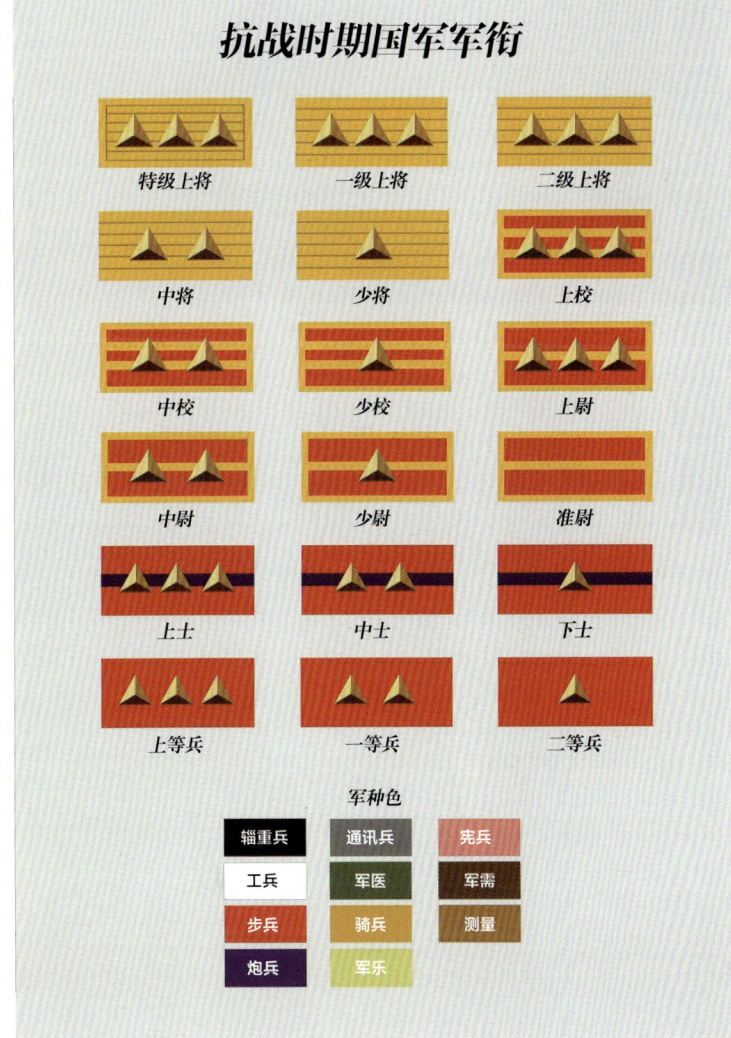

▲ 中央军将校呢子制服

193

到不合身的军服，因此一些有条件的高级将领则更偏爱于到西服店为自己量身定做制服，例如成立于1928年，以制作西服、大衣而闻名的培罗蒙西服公司就接到过不少将领的制服订单。此外，在民国留下的一些制服上常能见到一枚蓝色商标，图案为中国地图，中间印有"大中华"三个大字，上排印有"海陆空服装公司"的字样，笔者推测，这应该是一家专为部队供应被服用品的公司，因商标上印的地址为南京，故供应时间应为1937年12月前或1945年8月以后。

史学家黄仁宇先生早年曾服役于国军第14师，在其回忆录《黄河青山》中，有一段真实而生动的记述：

1941年夏天，我们这一师，包括司令部及三个团，驻扎在村落中，彼此相隔二三十英里。师部决定优先供给盐与蚊帐。至于夏季制服，军政部已经

▶ 广东省保安团第二十团第二营营长何造时的一套制服。收藏/解桑阳

▲▼ 第四集团军总司令部教导团第三营第九连副排长傅文礼的一套制服。收藏/解桑阳

烽火戎装：抗战中的国民革命军制服（陆军篇）

▼ 1936年初颁布《陆军制服条例》，将各种不同的作战小帽，一律统一为2颗扣子加国徽的形制。图为戴着标准作战帽的国军少将

▲ 通过何应钦这两张照片可以看出国民革命军陆军制服第一次换装的过程。左图为30年代初期的何应钦，照片中他身穿的制服与北伐时期相差不大，但领上已挂着换装后的新式军衔，这种"混搭式"的制服在1930~1934年间较为常见。右图为抗战时期的何应钦，此时他身着的制服已是典型的抗战制服

发给每人一套，发放地点在火车站，我们再自行送到驻扎地区。这一套制服，就是军人所拥有的全部衣物。前一套早已磨坏，军方高层从来不关心军人有无内衣可穿。有一段时间，我们洗衣服的唯一机会，就是在晴天时把整连人带到溪边。人在洗澡和玩水时，制服放在一旁晒干。万一敌人抓住正确时刻突袭，会一举捉到光溜溜的我们。夏天过了一半，情况多少改善了些。军政部终于拨给师足够的钱，让我们可以在当地买第二套制服，但到那时，通货已大幅贬值，资金缩水，而附近也没有供货商。我们的师长运用想象力，让后勤官打扮成商人，从日本占领的越南购买骡子运来的白色布料。回到国内后，布料再交给当地的染工处理。颜色是否接近正规的草绿色，甚至没有人去怀疑。其后数星期，所有师可以找到的缝衣机都派上用场，做的是短裤短袖，以节省布料。此时士兵才有第二套制服可替换。

◀ 一套国军少校呢子制服。
收藏/解桑阳

195

世界经典制服徽章艺术

▲ 中央军的德械师曾一度闻名全国，实际上德械师在历史上的名称为"调整师"，而装备也是缺斤少两，并非全副武装的德式。从这两张淞沪会战期间的照片可以看出，士兵虽头戴德国M35钢盔，但身上仍然穿着单薄劣质的中式军服。这些为数不多的调整师当时已是堪称精锐的部队，在抗战爆发的前四个月几乎消耗殆尽

在黄仁宇的回忆文字里，我们不仅发现了军服色差的缘由，还发现国军军服供应的短缺。那么，当时的八路军、新四军等红色抗日武装部队的军服供应又是怎样的情况呢？

国民革命军中的红色武装

由于历史原因，过去我国在抗战史研究方面通常有将中国共产党领导的部队与同时期其他部队区分开的习惯，那时的红色武装部队通常直接称番号"八路军"、"新四军"，而其他所有部队则一律统称"国民党军"。出于这种习惯，许多影视作品中也刻意将八路军、新四军所穿的制服与"国民党军"区分，通常是八路军以灰色系制服为主，而"国民党军"以黄色系制服为主。八路军的军帽上没有帽徽，而"国民党军"的帽徽上则有一青天白日徽。

其实过去这种传统的研究方法在党史上或能适用，但对于研究整个抗战史则有不少流弊。众所周知，西安事变和平解决后，由中共领导的红军部队接受改编，"中国工农红军"番号撤销。1937年8月22日，国民政府军事委员会正式宣布将原西北主力红军，即中国工农红军一、二、四方面军改编为国民革命军第八路军，朱德、彭德怀任正、副总指挥（9月改编为国民革命军第十八集团军，但在习惯上仍称"八路"），同年10月又将在江南八省的红军游击队改编为国民革命军陆军新编第四军。除了第十八集团军与新四军之外，其他各地如桂系、川系、滇系等处于半独立状态的地方部队也都在名义上使用国民革命军的统一番号。尤其值得说明的是，在抗战时期，从来就没有"国民党军"这一子虚乌有的部队番号，当时无论是蒋介石的嫡系部队，还是地方军阀手中的杂牌军，或是中共领导的红色武装，名义上一律归国民政府管辖，所有部队一律在国民革命军的番号之下。

因为同属一支部队，官兵所穿的制服自然要以国民政府于1936年颁布的《陆军制服条例》为统一标准，至于之前提到的各地部队制服颜色、布料不一致，是因各地区资源不同、技术不同、布料不同所致，并非刻意为之。根据中共领导人及将领们在抗战时期的照片可得知，他们身上所穿的制服与当时其他部队将领无异，只是身在前线的将领制服上往往不佩

烽火戎装：抗战中的国民革命军制服（陆军篇）

▲ 领上佩戴着少将军衔的国军军官

▲ 身着标准36式军服的何应钦将军。图中可看到军服领章上配有上将军衔，武装带下方挂有军人剑

◀ 八路军高级将领的合影，可以看出他们与其他国军将领相比，在着装上显得相当寒酸

▲ 正在用餐的八路军战士。从图片中可以看出，当时的八路军着装与其他国军无异，军帽上皆有青天白日徽

戴军衔等可辨识身份的标识以免成为显著目标（其他部队将领也是如此），而在正式场合中，中共的将领们同样佩戴着国民革命军的军衔出席。同时，无论他们是否佩戴军衔，他们的军帽上皆有青天白日徽，并非影视作品中的一顶"寡帽"（这种情况只出现在皖南事变后一段敏感时期，且不普遍）。真实的历史上，要区别八路军与所谓"国民党军"并非影视剧中那么一目了然，制服相同的情况下，除了通过部队臂章判断之外是很难区分的，也正因如此，不少历史书籍上的照片都常张冠李戴。

抗战时期中共武装的装备主要是来自国民政府的补给、缴获日伪军的装备、与其他部队发生摩擦时缴获、自身军工厂供应几个方面，并在不同时期有不同表现。抗战前期也是国共合作的蜜月期，获得国府补给的第十八集团军也一度投入正面战场的作战中去，并打出了平型关伏击战、夜袭阳明堡机场等经典战例。而第十八集团军有不少部队在作战中专打日军的辎重部队，因此缴获颇多。据时任第115师卫生部副部长的谷广善先生回忆，八路军在平型关打了日军一个漂亮的伏击战之后，获得了不少日军的制服装备，据说当时仅是缴获的大衣就足够第115师每人分一件。新胜之际，时任第115师师长的林彪心血来潮，将一件缴来的日军大衣披在身上后即策马狂奔，结果被阎锡山的晋绥军开枪误伤，险些丧命。

抗战进入相持阶段后，由于国共之间摩擦不断，来自国民政府的补给也就越来越少，同时随着红色武装发展得越来越壮大，人数早已远超原有编制，因此这一时期的补给基本只能自给自足。第十八集团军的武力量多活跃于晋察冀一带的敌后，并多次对日伪军进行打击，百团大战即是典型的一例。在长期游击战中，八路军从日伪军手中缴获到不少装备。相比而言，新四军所处的地区情况则要复杂得多，他们的装备除了袭扰日伪军所得之外，也有不少是在与

▲ 佩戴有领章标识的八路军战士

▲ 这名八路军军官帽子上的青天白日帽徽清晰可见

烽火戎装：抗战中的国民革命军制服（陆军篇）

▲ 长城抗战中的八路军

▲ 1942年4月，朱德、贺龙在八路军359旅旅长兼政委王震的陪同下视察南泥湾，贺龙所戴帽子上可以看到青天白日帽徽

▲ 1938年春，周恩来出任国民政府军事委员会政治部副部长。此时他身着标准的国民革命军制服

▲ 朱德与彭德怀，可以看出其制服上没有任何标识

当地其他友军部队发生摩擦时所得。1941年皖南事变后，新四军番号虽遭国民政府撤销，但新四军于不久后重建军部。在这段国共关系最紧张的时期，重建后的新四军与部分第十八集团军将士曾一度取掉了军帽上的青天白日徽，并继续以游击战的形式自行解决了补给。

在被服生产方面，第十八集团军与新四军所采取的是"三结合"的办法，即工厂、群众、部队相互配合。据胡平先生与徐珺先生所著的《烽火岁月中的解放军军服》一文记载，中共领导的部队在抗日战争时期"各军区都建有被服厂、纺织厂、鞋厂等，承担被服装具生产任务。但由于工厂生产能力有限，满足不了部队的需求，因此必须依靠群众，特别是广大妇女。全军指战员广泛开展纺织、缝纫等活动，也是被服生产的一支重要力量。1939年，第十八集团军的被服厂，每日能生产400套单衣，200套棉衣；织布厂每月织布200匹；染布厂每日染布50匹至100匹。八路军的被服装具厂1939年后发展较快。据不完全统计，1939年前，全军共办被服、纺织、制鞋等军工厂79个，拥有军工4600人"。

进入40年代后，由于通货膨胀、物价上涨，无论国民政府还是延安边区政府的统治区都受到了不同程度的影响，面对物资日益紧张的情况，中共中央喊出了"自己动手，丰衣足食"的口号，号召军民们展开了轰轰烈烈的"大生产运动"。据第十八集团军供给部部长叶季壮后来回忆："……服则全靠自己缝制，每人每年一套或二套单衣、一套棉衣，有的还发给衬衣、帽子、裹腿、子弹袋、干粮袋及被服等，亦做到能够补充缺额，虽然不甚整齐，但亦可保无缺。其余鞋袜手套，战士亦能做到自给，夏天则打草鞋，冬天则用毛织，特别是后方部队，更为普遍。"

到1944年为止，隶属于第十八集团军及新编第四军的军需工厂总数达到248个，布匹自给率达到70%以上，尽管被服条件偏低，但总算能基本保证部队的供应。

▲ 帽子上有青天白日帽徽并佩有18GA臂章的八路军战士

烽火戎装：抗战中的国民革命军制服（陆军篇）

钢盔如同"万国博览会"

▲ 缴获日伪军装备是八路军的补给来源之一，图中八路军手中的"三八大盖"皆是从日军手中缴获而来

抗战时期中国的各部队之间尽管发生过不少摩擦事件，但总的大方向还是一致对外的。之所以提及万国，因所有部队同在国民革命军番号之下，所以军服的样式也基本统一，因此真正能反映部队差别的并非制服，而是头上戴着的来自各国五花八门的钢盔。

抗战前期，中央军精锐部队所戴钢盔多为德式。1936年，国民政府经由德国军事顾问向德国订购了大量的德国新式M1935盔（以下简称M35盔），并配发给国府中央军精锐部队。抗战爆发之际，国

▲ 八路军夏装示意图 　　▲ 八路军冬装示意图 　　▲ 新四军夏装示意图 　　▲ 新四军冬装示意图

▲ 新四军先后使用过的臂章

201

民政府以德制编制而成的中央军部队（德械师）基本都佩戴有M35盔；太平洋战争爆发前后，中德合作虽早已终止，但很多黄埔嫡系部队依然还在配发M35钢盔，可见初期订购量之大。很多人认为M35盔只存在于抗战前期，其实不然，直到1948年枪决日本战犯时，行刑人员所佩戴的还是这种德式钢盔。除了中央军的调整师之外，各地方部队的士兵所戴钢盔亦是各式各样，如同万国钢盔博览会。例如卢沟桥上大名鼎鼎的第29军的经典形象就是灰布军服加英式钢盔，背着一把大刀；龙云的滇军因受法国殖民军的影响，装备多为法式，滇军第19师即全师佩戴法式钢盔。

抗战中后期，不少国军部队虽号称美械装备（如反攻滇西的远征军），但实际上这些部队仅仅是拥有一些美式武器，身上穿着依然是中式军服。真正从头到脚都用英美装备武装的部队只有一支，那就是中国驻印军。前文讲过，所谓八路军制服与其他部队的差异大多来自于当代影视作品的误导，而这支身在异域的中国驻印军所穿的军服则是真正的与国内部队不同。

第一次入缅作战失败后，孙立人将军率新编第38师由缅甸退入印度，并在兰姆伽基地接受训练，这就是最初的中国驻印军。滇缅印大反攻时期，中

◀▲ 抗战时期佩戴英式钢盔的黄埔学生军（上）与佩戴法式钢盔的滇军（左）

▼ 淞沪会战期间，著名影星胡蝶和陈莹莹向陆军第88师敬赠防寒衣物。他们身着标准的战斗着装，着草黄色夏季服，左上臂可以看到88D的臂章

烽火戎装：抗战中的国民革命军制服（陆军篇）

▲ 西安军官学校的教官和学员，他们也佩戴着德式钢盔

▲ 并不是所有德械师士兵都能佩戴德式钢盔，照片右边这名士兵还只能带着布帽

▲ 佩戴德式钢盔的德械师战士

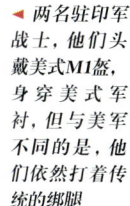
◀ 两名驻印军战士，他们头戴美式M1盔，身穿美式军衬，但与美军不同的是，他们依然打着传统的绑腿

▶ 两支部队的军服截然不同，右边的驻印军头戴美式钢盔，身着美军夹克，而左边的远征军依然穿着国内的旧式军服

国驻印军的基本构成部队为孙立人的新38师与廖耀湘的新22师组成的新编第一军。先说新38师，这支部队头上的装备由美式的M-1钢盔取代了德式M35盔，身上的制服也不再是从前的中式，而换成了美军衬衣，天气炎热时有英制的短袖、短裤制服，冷

203

时在衬衣外还可以套上一件美制卡其色毛衣。新22师与新38师唯一的区别也在钢盔上，新22师装备的钢盔基本为英式钢盔。同时，中国驻印军中还出现了不少身着美军M-41夹克、M-43风衣的官兵。

如果要很快将中国驻印军与英美军区分，最显著的区别还不在于面孔，而在于腿部。与穿着大皮靴的英美军不同，中国驻印军沿袭了在国内打绑腿的传统，此外每人还配备了一把大砍刀，丛林中可以开路，遇上敌人亦便于肉搏。

抗战将士们的"姓名牌"

我们常在二战大片中看见美军通过阵亡战友脖子上挂着的金属姓名牌来辨认其身份的画面，具有幽默感的美国人将此物戏称为"狗牌"。其实在同时期的中国军队也有用以辨识身份的东西，即缝于左胸前的布制胸标。抗战时期的军服大多都配有胸标和臂章，胸标上写有具体的部队番号、职务及姓名，同时胸标边框的颜色也代表军衔的不同，将官的边框为红色，校官为黄色，尉官为蓝色，士兵为黑色。

1944年参与腾冲收复战的老兵陆朝茂曾说起一段关于姓名标的故事，那是在当年攻打来凤山时的一天，陆朝茂与战友李唐参与了一场极为惨烈的战斗，最终陆朝茂幸存了，而战友李唐却不幸牺牲。战争结束后的一天，留居滇西的陆朝茂来到国殇墓园凭吊战友时，竟然在一块墓碑上看见了自己的名字，让他百思不得其解。后来通过回忆才知道，原来是因作战当天战况紧急，陆朝茂起床时和战友李唐互相穿错了衣服，李唐阵亡后，收殓人员根据军服上的胸标判定其

▲从这名受伤的驻印军战士所戴的英式头盔来判断，他应该属于新22师

▲头戴美式M1钢盔的远征军士兵

▲两名士兵正在端详一顶美式M1钢盔

烽火戎装：抗战中的国民革命军制服（陆军篇）

▲ 在滇缅战场上使用美械的部队比较普遍。图为手持卡宾枪的美军（左）与拿着汤普森冲锋枪的国军（右）

▶ 从臂章可以看出照片中是一名来自第167师的士兵

▶ 第十八集团军臂章实物

◀ 第88师臂章（复刻品）

▲ 第200师臂章（复刻品）

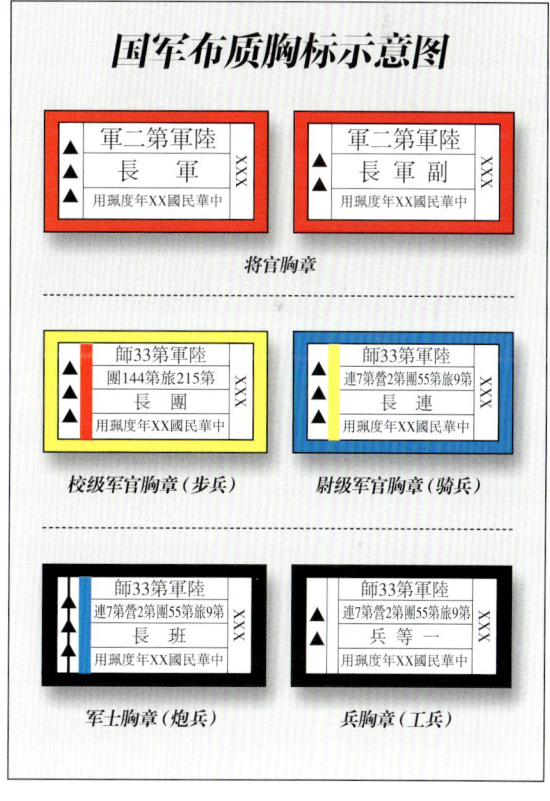

为陆朝茂，故将其列入阵亡名单，实际上那座墓碑下埋葬的是陆的战友李唐。由此可知，在残酷的搏杀中，当我们的将士倒在日军的枪炮下，连面容都无法识别时，能证明他们身份的只有位于军服左胸前的姓名布标。

胸标用于辨识身份，而臂章上则是部队番号，通常情况下是以军或师来标注，例如第29军的臂章为"29A"，第88师的臂章为"88D"。但也有一些部队的臂章较为特殊，例如1943年时，余程万的第57师就佩戴过有"虎贲"字样的臂章，虎贲是这支部队的代号；第200师的臂章上印有一块蓝色秋叶海棠形状的中国版图，版图中间书有白色的"贰"

世界经典制服徽章艺术

▲ 从图中两位士兵臂章上的"重"字可得知他们是辎重兵

▲ 照片中关麟征将军（前排左二）佩戴的臂章为中国远征军臂章中的一种，图案为红白相间的斜杠组成，中间有青天白日标

▲ 反攻滇西时期担任中国远征军总司令的卫立煌将军的戎装照。从照片中可以看到，卫立煌虽已穿上新式制服，但仍挂着旧式军衔

▲ 标准的46式制服为立领式，影视剧中出现的翻领式在内战时期几乎不存在。图为身着46式将官制服的孙立人将军

字。延安方面八路军臂章至少有印"八路"字样、印"18GA"字样和印"第十八集团军"（繁体）字样的三种臂章。

"过渡时期"的新式军官服

抗战后期，中国军官的制服也开始改变，大约在1944年冬到1945年春，已经有国军将领穿着新式军服，戴着美式的大檐帽照相，这套军服就是后来解放战争时期最常见的46式制服。与之前典型的抗战军服相比，新的军官制服有几个明显变化：一、圆筒军帽改为了美式大檐软帽；二、皮制武装腰带改为了布制腰带；三、军服上出现了肩章，衣袖多了一条区分军衔的线，红色线为将官、黄色线为校官、蓝色线为尉官。

不过，在抗日战争的后期，这种军服的形制并未规范，例如军服上出现了肩章，但没有军衔，领章上的军衔依然是抗战时期的样式。美式软帽上的青天白日徽有的很小，有的则与46年之后统一用的大帽徽一样。在当时的合照中，军官们所穿的制服往往也不尽统一。这一时期也可以算是军服换装的过渡期，而当这套制服彻底定型之时，中国已滑向了战争的深渊。

抗战胜利后，国民政府开始对军队实行整编。整编的方法是"将全国现有陆军，按就军、师单位，军缩为师，师缩为团或先缩为旅"，即将3师9团制的军缩为3旅6团制或2旅4团制的师，裁掉三分之一的人员，从三三制改为三二、二三或二二制。在军队改编的同时，制服换装工作也在紧锣密鼓地进行，新式制服逐渐取代了二战时期的旧军服。1946年3月，国民政府在南京召开的六届二中全会中提出了对军队装式重新进行规定并统一制作的要求。其后，国防部颁发了相关服制改进样式，并在全国政府军中逐步换装。至此，那套经典的抗日戎装也随着46式制服的推广而逐渐淡出了人们的视野。1947年，国民革命军改组为中华民国国军，从此，国民革命军也成为历史名词。两年后，国民政府迁台，这套刚推出不久的46式军服随之黯然退出历史舞台。至于影视剧中常出现的内战时期国军美式翻领军服，那是出现在国民政府迁台之后的事了。

纵观这套中国抗战戎装的历史，自1929年颁布《陆军军常服暨礼服暂行条例》开始换装，到1936

年《陆军制服条例》颁布才形成统一制式，仅隔一年后便迎来民族最为悲壮的八年全面抗战。抗战胜利后，国民政府实行整编和军服改制，这套荣誉战衣亦随之光荣退伍。尽管抗战时期的中国军队吃着百家饭，制服装备也参差不齐，但这个时期的制服对中国人而言却有着不可替代的重要地位。在最艰难的卫国岁月里，更多装备简陋落后的中国军队连配备钢盔的能力都没有，他们头戴圆筒布帽，脚蹬草鞋，在日军的炮火下浴血奋战，真正"以血肉筑成新的长城"。

▲ 1945年12月1日，蒋介石为盟军将士授勋，左边军衔为三颗星者为商震将军。图中商震将军头戴大檐帽，佩戴老式军衔，但他所穿的军服既不同于传统的30式制服，又非后来标准的46式制服。在抗战胜利前后，这种"混搭"现象出现得很频繁，可看作是换装过渡时期的穿法

抗战国军手绘欣赏（本部分图片由Stephen Walsh创作）

◀ 1-1.第七集团军第72师列兵，1937年8月华北战场；1-2.第88师下士，1937年淞沪战场；1-3.第56师列兵，1937年淞沪战场；1-4.第29军第37师中士，1937年7月卢沟桥

▲ 3-1.第14炮兵团上尉，1940年1月河南；3-2.第60军第183师少校，1939年9月长沙；3-3.第3军第12师旗手，1941年5月山西

◀ 2-1.第12军第154师下士，1938年5月广东；2-2.一等兵，1938年10月武汉；2-3.第7师二等兵，1939年冬

烽火戎装：抗战中的国民革命军制服（陆军篇）

▲ 4-1.新一军第38师第112团列兵，1944年5月缅北战场；4-2.新六军第22师上士，1944年3月滇缅战场；4-3.一等兵，1944年8月印度兰姆伽

心向大海

民主德国人民海军制服徽章鉴赏

Uniformen und Abzeichen des Volksmarine

作者：胡晨

心向大海：民主德国人民海军制服徽章鉴赏

德意志民主共和国还未建立之时，就为在不远的将来建立军队做了准备。1952年，在德国苏占区建立了驻营人民警察（Volkspolizei），实际是当时德国苏占区的准军事部队，其下辖陆上、海上和空中3支警察部队并建立相应的警官学校以培养指挥人员，实际就是为了日后建立军队储备人才。而其中的海上驻营警察（Hauptverwaltung Seepolizei），1956年改称海上人民警察（Volkspolizei-See）就是日后海军的前身。

▲ 人民海军军徽

▲ 人民海军军旗

▲ 人民海军司令部军旗

1956年3月1日，随着国家人民军（Nationale Volksarmee）的建立，海军（Seestreitkräfte）作为其中一员也正式建立起来，1960年3月东德海军司令部更名为人民海军司令部，当年10月海军全军正式更名为人民海军（Volksmarine）。其总部设在东德沿海重镇罗斯托克，人民海军自建立之初起规模就一直受到各种限制而未能壮大，其人数也是东德各军种里最少的。海军职责也只限于海岸线防御，主责反潜和扫雷，并无远洋作战实力。

人民海军制服和陆军一样，都保留了德式传统的款式，但个别细节，如常/礼服增加肩章，军衔袖条由传统的整圈改为苏式方块。所以其制服可以说是德式和苏式的混合体，极富特色。

▲ 人民海军的导弹艇部队　　▲ 海上人民警察水兵帽

▲ 还未改名为人民海军时期的水兵阅兵式方队

▲ 曾任人民海军总司令的特奥多尔·霍夫曼的画像，他是东德最后一任国防部长

▲ 1990年夏天，时任人民军总参谋长的特奥多尔·霍夫曼海军上将（右一）和亨德里克·波恩海军中将（右三）陪同国防部长莱纳·埃佩尔曼（右二）访问不莱梅，请注意两位海军高级将领着不同的制服

背景阅读：人民海军序列

第一分舰队

组建于1956年，基地佩内明德，装备12艘"蛙"级登陆舰、8艘1331型"帕契姆"级反潜舰、12艘"秃鹰"Ⅱ级沿海扫雷舰。编制如下：

- 第1通信营
- 第1机动车辆营
- 第1防空炮兵连
- 第1海军工兵排
- 第1防化排
- 通信技术排
- 第1机动车辆修理排
- 第1情报搜集分析班
- 第1维护和贮存基地
- 第1修理基地
- 第1培训基地
- 第1弹药库
- 第1补给装备库
- 第1海洋测量局
- 军乐队

▲人民海军的1331型"帕契姆"级反潜舰

▲人民海军的"秃鹰"Ⅱ级沿海扫雷舰

第一分舰队指挥官任职情况

序号	司令官	任期	军衔
1	库尔特·克梅奇	1956.3.1~1956.11.15	海军上校
2	海因茨·伊姆舍尔	1956.11.15~1957.5.3	海军上校
3	赫伯特·鲍尔	1957.5.5~1959.12.31	海军少校
4	维尔纳·艾尔门霍斯特	1960.1.1~1964.11.30	海军中校
5	洛塔尔·海内克	1964.12.1~1970.8.31	海军中校
6	汉斯·霍夫曼	1970.9.1~1974.11.30	海军中校
7	维尔纳·科特	1974.12.1~1984.11.30	海军少将
8	亨德里克·伯恩	1984.12.1~1989.12.10	海军上校
9	格尔德·鲁伊珀尔德	1989.12.11~1990.10.2	海军上校

第四分舰队

组建于1956年，基地罗斯托克-瓦尔内明德，装备3艘1159型"科尼"级海岸护卫舰、8艘1331型"帕契姆"级反潜舰、12艘"秃鹰"Ⅱ级沿海扫雷舰、1艘"乌德尼克"级训练舰。编制如下：

- 第4通信营
- 第4机动车辆营
- 第4导弹技术营
- 第4海军工兵排
- 第4防化排

第4机动车辆修理排
第4情报搜集分析班
第4修理基地
第4培训基地
第4弹药库
第4补给装备库
达瑟奥特港口司令部
第4海洋测量局
第4海洋测量船分队
军乐队

▶ 人民海军的蛙人部队

▼ 人民海军的1159型"科尼"级海岸护卫舰

第四分舰队指挥官任职情况

序号	司令官	任期	军衔
1	赫尔穆特·纽梅斯特	1956.5.1~1956.10.31	海军中校
2	瓦尔特·屈恩	1956.11.1~1958.12.31	海军中校（1958年晋升上校）
3	约翰内斯·斯特鲁伊贝尔	1959.2.1~1961.12.31	海军中校（1960年晋升上校）
4	弗里茨·诺特罗夫	1961.1.1~1964.11.30	海军中校（1964年晋升上校）
5	赫伯特·贝尼希	1964.12.1~1971.5.31	海军中校（1969年晋升上校）
6	瓦尔德玛·里希特	1971.6.1~1976.4.30	海军上校
7	克劳斯·卡恩特	1976.5.7~1980.11.30	海军上校（1979年晋升少将）
8	罗尔夫·罗德尔	1980.12.1~1985.6.30	海军上校（1983年晋升少将）
9	格哈德·米勒	1985.7.1~1990.1.31	海军上校（1989年晋升少将）
10	汉斯-约阿希姆·菲希纳	1990.2.1~1990.10.2	海军上校

第六分舰队

组建于1956年，1959年解散，1963年重建，基地吕根岛，装备5艘1241型"闪电"级大型导弹艇、1艘"奥坎"级小型导弹舰、15艘205型"黄蜂"级导弹艇、27艘P-6级鱼雷艇、18艘"大胡蜂"级鱼雷艇、36艘"白鼬"A级轻型鱼雷艇、23艘"白鼬"B级轻型鱼雷艇、34艘"蜻蜓"级小型鱼雷艇。编制如下：

第6警卫营
第6通信营
第6机动车辆营
第6鱼雷技术营
第6导弹技术营（驻防卑尔根）
第6海军工兵排
第6防化排
通信技术排（驻防萨斯尼茨）
蛙人部队（驻防萨斯尼茨、诺内维茨、吕根岛）
第6机动车辆修理排
第6情报搜集分析班
第6修理基地
第6培训基地
第6弹药库（驻防塞伦）
第6补给装备库
国家人民军德兰斯克会议厅

第六分舰队指挥官任职情况

序号	司令官	任期	军衔
1	阿尔弗雷德·施奈德	1956.3.1~1958.4.1	海军上尉
2	弗里茨·莫什	1958.4.1~1958.12.31	海军上尉
3	维尔纳·艾尔门霍斯特	1959.1.1~1959.12.31	海军中校
4	赫尔穆特·纽梅斯特	1963.5.1~1963.10.30	海军上校
5	古斯塔夫·赫塞	1963.11.1~1971.4.30	海军中校（1968年晋升上校、1969年晋升为少将）
6	特奥多尔·霍夫曼	1971.5.1~1974.11.30	海军中校（1972年晋升上校）
7	汉斯-约阿希姆·邓尼茨	1974.12.1~1983.4.30	海军上校（1980年晋升少将）
8	艾伯哈尔德·格里斯巴赫	1983.5.1~1987.10.31	海军上校（1986年晋升少将）
9	维尔纳·穆奇诺夫斯基	1987.11.1~1990.10.2	海军上校

第十八"库特·巴特尔"海军直升机大队

组建于1959年9月，时为"勃兰登堡-布里斯特"直升机大队海军小队。1962年9月15日，空军移交指挥权于海军后被设计成独立的直升机小队；1963年5月1日升级为海军直升机中队；1976年12月1日升级为海军直升机大队；1981年12月1日定名为第十八"库特·巴特尔"海军直升机大队，驻防帕饶。装备1架米-8S直升机、2架米-8T直升机、10架米-8TB直升机、6架米-14BT反潜直升机和8架米-14PL反潜直升机。

世界经典制服徽章艺术

第十八海军直升机大队指挥官任职情况

序号	队长	任期	军衔
1	迪特·伯特菲尔特	1960~1964	海军上尉
2	洛塔尔·布劳恩罗特	1964~1970	海军上尉
3	汉斯·沃格尔	1970~1974	海军少校
4	希格弗里德·芬克	1974~1976	海军少校
5	京特·雷特霍尔德	1976~1990	海军上校

兵种色

人民海军在士官和军官常/礼服上增设肩章，虽然各兵种间军装颜色及款式全部一致，但士官肩章的牙线及军官肩章的底板颜色能够直观地反映兵种。

人民海军兵种色明细表

兵种	颜色
普通海军	深蓝色
海军航空兵	天蓝色（同空军）
岸勤部队	绿色（同边防军）
海岸边防	绿色（同边防军）

东德海岸边防部队

东德海岸边防部队是一只隶属于边防军的武装力量，由第六"菲特·舒尔茨"海岸防卫旅、3个扫雷舰大队和1个警备艇小队组成，驻防罗斯托克。该部队虽隶属边防军，但平时却受海军司令部指挥。该部服装及肩章本体和海军无异，但其士官肩章的牙线及军官肩章的底板却是边防军绿色，水兵帽帽墙上标有金色哥特字体"Grenztruppen Der DDR"字样，在70年代，在军官和士官制服、士兵短大衣上增设绿色边防军袖标，袖标由绿色呢料制成，上面绣有"Grenztruppen Der DDR"字样。

东德海军岸勤部队的兵种色也和海岸边防部队一样是绿色，但该部并无袖条，只依靠其士官肩章上和军官袖条军衔上方的技术岗位章（船锚但无锚链）和海岸边防部队区分。

▲ 人民海军海军航空兵士兵肩章，请注意其兵种色为天蓝色

▲ 人民海军海岸边防部队军旗

心向大海：民主德国人民海军制服徽章鉴赏

◀ 海岸边防部队军官阅兵礼服，请注意其袖标

一时期的水兵帽徽仅为金属冲压的黑红金三色圆。这两种帽徽都使用至1969年。

▲ 第一款人民军海军帽徽

第二种款式：1966年，人民海军开始使用简化版本的帽徽，随着东德国旗图案发生变化，这一时期的海军军官/士官帽徽开始改为陆军式样，军官帽徽采用整片不锈钢板冲压方法制造，整体镀铜。帽徽中间的黑红金三色圆改为外面由麦穗环绕成圆，下方由国旗的三色绶带环绕的锤子和圆规的国徽圆。军官金属帽徽直到1969年才全部换发完毕并一直使用至德国统一。士官帽徽款式同军官，但橡树叶环采用黄色棉线刺绣。水兵帽帽徽也由黑红金三色圆改为外层镀铜的金属冲压的国徽圆。士官和水兵这种款式的帽徽也一直使用至德国统一。

▲ 第二款人民海军军官帽徽

军帽

帽徽（Müntzeabzeichen）

人民海军帽徽分为士官/军官帽徽和水兵帽徽两种，士官/军官帽徽为帽墙徽，根据使用时间前后共有两种款式，而水兵帽徽为帽冠徽，也共有两种款式。

第一种款式：1956年东德海军建立时，东德国旗和西德同样为黑红金三色旗，所以这一时期的海军军官帽徽中间为刺绣版本的黑红金三色圆，外面有呈正方形的由8片金色金属丝刺绣的橡树叶组成的环，其上点缀有6颗橡果图案。士官帽徽的中间为金属冲压的黑红金三色圆，外面由8片金色棉线刺绣而成椭圆形橡树叶环，其上点缀有6颗橡叶果图案。这

大檐帽（Schirmmütze）

　　人民海军为军官及士官配发大檐帽。该帽帽墙由黑色布料制作，内衬为硬质纸板，汗圈为真皮材质，在帽墙正面帽徽上方有帽撑，帽墙两侧下端固定有带船锚图案的金色风带扣，风带为皮质，上面有两个黑色金属卡箍。将军帽风带由金色金属丝制成。士官大檐帽帽檐为双层黑色塑料布制成并有黑色塑料包边；军官大檐帽帽檐为外面罩有深蓝色马裤呢面料的黑色塑料布制成并有黑色塑料包边；尉级军官大檐帽帽檐上饰有一圈水波纹边；校级军官大檐帽帽檐上饰有两道橡叶；将级军官大檐帽帽檐上饰有四道橡叶。军官帽檐上的图案在1966年由金色金属丝刺绣改为不锈钢板冲压然后镀铜。海军大檐帽帽罩为可拆卸式，早期为按季节使用蓝色或白色的帽罩，后来改为常服状态时使用蓝色帽罩，该帽罩由深蓝色马裤呢制成，内衬一层黑色棉布，上面缝有塑料内标，礼服状态时使用白色帽罩，该帽罩由白色棉布制成，仅为单层，在接缝处里面缝有标示帽罩尺码的白色布条，这两种颜色的帽罩都配有白色塑料帽圈。

▶ 人民海军士官大檐帽

◀ 人民海军士官礼服大檐帽

▲ 人民海军尉官常服大檐帽

◀ 人民海军尉官礼服大檐帽

心向大海：民主德国人民海军制服徽章鉴赏

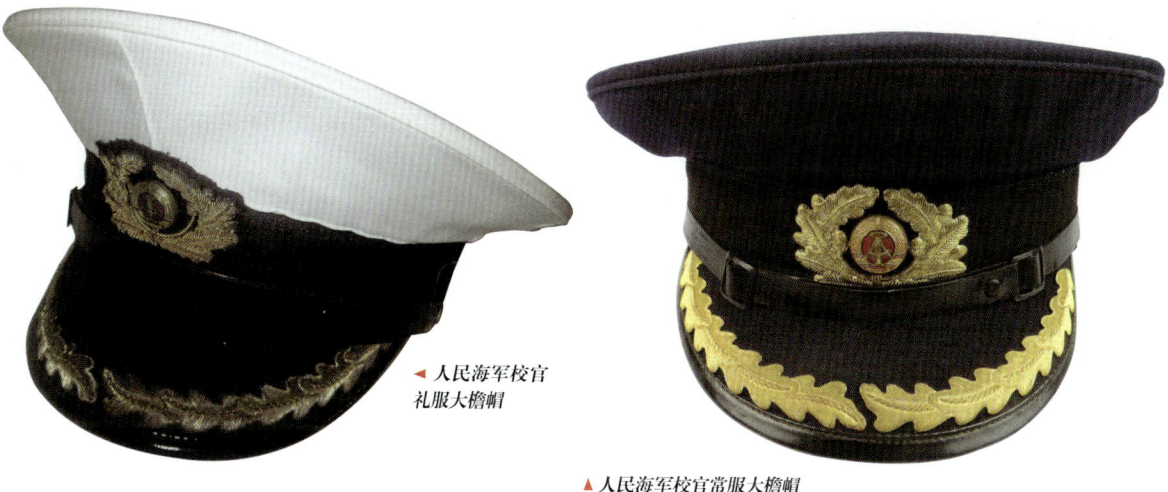

◀ 人民海军校官礼服大檐帽

▲ 人民海军校官常服大檐帽

▲ 人民海军将官礼服大檐帽

▲ 人民海军校官大檐帽帽檐纹边特写

▶ 人民海军将官常服大檐帽

船形帽（Feldmütze）

当海军官兵在舰艇上执行任务时佩戴船形帽，军官帽由深蓝色马裤呢制成，士兵帽由斜纹混纺布制成。帽子外侧上翻部分的边沿向帽体正面中心下弯，上翻部分的边沿与帽体缝合在一起，帽体两侧没有透气孔。军官帽在顶部边缘饰有一圈黄色边线，士兵帽没有边线。官兵帽均配有机织版国徽圆帽徽。

女军官船帽款式略有不同，由马裤呢制成，按季节不同分有蓝色和白色。该帽正面和后面上翻部分的边沿向帽体两侧正中下弯，正面上翻部分的边沿有黄色边线。

▲人民海军士兵船形帽

▲人民海军夏季女船帽

▲人民海军春秋女船帽

栽绒帽（Wintermütze）

人民海军在冬季为官兵配发栽绒帽，该帽在华约国家军队中均有装备。该帽由深蓝色人造绒面料制成，绒丝光滑并平直，衬里为黑色棉布。该帽配有两个可折叠护耳，平时护耳上翻由绳子固定完全盖在帽顶。将军栽绒帽的款式及颜色基本相同，但其绒丝比军官帽要长而卷曲。

▲▶人民海军栽绒帽

水兵帽（Tellermütze）

人民海军水兵帽与世界上绝大多数国家的水兵帽并无不同，均是无檐帽款式。该帽帽墙由黑色布料制成，外面围一圈黑色布条，1956~1960年该布条上有黄色哥特字体"Seestreitkräfte"字样，1960年至德国统一，该布条上的黄色哥特字体改为"Volksmarine"字样。帽墙后部缀有两道黑色飘带。水兵帽帽罩也为可拆卸式，春季及秋季时使用蓝色帽罩，该帽罩由深蓝色粗呢制成，内衬一层黑色棉布，上面缝有塑料内称，夏季时使用白色帽罩，该帽罩由白色棉布制成，仅为单层，在接缝处里面缝有标示帽罩尺码的白色布条，这两种颜色的帽罩都配有白色塑料帽圈。

女帽

人民海军女军人在穿着常服时佩戴一种小帽，该款帽子样式十分美观大方，为桶帽形式，按季节分为蓝、白两种颜色，均由马裤呢制成，没有帽檐，帽体前后方高度齐平，帽顶向内凹陷。

冬季时女军官们则会佩戴一款有帽檐的棉帽，这款帽子由深蓝色马裤呢制成，帽体中部带有半圈栽绒护耳。

▲ 1956~1960年间的海军春秋水兵帽

▲ 人民海军春秋女帽

▲ 人民海军春秋水兵帽

▲ 人民海军夏季女帽

▲ 人民海军水兵帽帽带

▲ 人民海军冬季女帽

贝雷帽

贝雷帽为早期人民海军女兵专有，由深蓝色呢料制成，女军官在帽顶饰有一圈黄色边线。这款帽子在身着常服时佩戴，在70年代左右被取消。

服装

人民海军制服延续了德国海军的传统款式，但个别细节参考苏联海军做了修改，有的也参考苏联海军增加了一些特殊款式的制服。该套制服包括常/礼服、社

▲ 一群身着常服和水兵服的人民海军官兵

交服、水兵服、衬衣、领带、外穿夹克式衬衣、风衣、军官大衣、水兵短大衣、作战服、外腰带、军官礼服腰带、直筒裤、黑色皮鞋等。人民海军军官不配发长筒靴，各种场合只穿黑色皮鞋。

▲ 身着夹克衬衫和水兵服的人民海军导弹艇部队官兵

▲ 东德电影《风中的哈特》（Hart am Wind）中的人民海军官兵形象

心向大海：民主德国人民海军制服徽章鉴赏

常服（Dienstuniform）

东德海军军官制服在1956年到1960年分为开领外出服和立领常服，1960年以后取消立领常服，开领外出服（Ausgangsuniform）改为常服。在这部分分开介绍。

1956年东德海军成立之初，其常服模仿苏联海军常服为立领款式，该款制服按季节分为两种颜色。第一种由深蓝色马裤呢制成，内衬由绸料制成。在正面由5颗纽扣闭锁，纽扣中心为船锚图案，表面镀黄铜。两个胸部挖袋带有波浪形袋舌，袋舌内由暗扣固定。没有下摆口袋。起初此款制服无论军官士官均只有肩章，后来军官常服增设块状军衔袖条和技术岗位章，此款常服在春秋季节穿着。第二种由白色棉布制成，无内衬。在正面由5颗纽扣闭锁，纽扣中心为船锚图案，表面镀黄铜。四个有褶衣袋均有波浪形袋舌，四个袋舌均由金色纽扣固定，此款常服只有肩章，在夏季穿着。

▲人民海军军士长常服

▲人民海军常服使用的纽扣

此外除了常服，东德海军还穿有外出服，这款制服款式延续了德国海军的传统风格，按季节分为两种颜色。第一种由深蓝色马裤呢制成，内衬由绸料制成。在正面共有10颗纽扣，其中最上排2颗及右侧4颗为装饰扣，由左侧共4颗及左衽内部的1颗纽扣实施闭锁，纽扣中心为船锚图案，表面镀黄铜。衣领开口平直，在开口下方左右各有一个装饰性扣眼。左胸有一个带有斜形袋口没有袋舌的挖袋，下摆两侧各带有一个有平直型袋舌的挖袋。士官只有肩章，军官则带有肩章、块状军衔袖条和技术岗位章。此款制服在春秋季节穿着。第二种由白色棉布制成，无内衬。款式同第一种，此款制服在夏季穿着。

在60年代后人民海军取消了立领款式的常服，将外出服改为常服穿着，在70年代取消白色夏季常服。1985年新配发的海军常服款式较之前有一点细微变化，衣领开口由平直改为倾斜，取消开口下方的装

▲阅兵式礼服配置的人民海军中尉常服

世界经典制服徽章艺术

▲ 人民海军中校常服

▲ 人民海军少校夏季常服

▲ 人民海军军医中校夏季常服

▲ 1985年后配发的人民海军少校常服

▲ 人民海军女常服，配有专用女帽

224　Militaria Collection Publication

心向大海：民主德国人民海军制服徽章鉴赏

▲ 人民海军三年级军校生常服

▲ 人民海军二级准尉常服

饰性扣眼。

女军人常服为右衽式，在正面由单排共3颗金色纽扣闭锁，下摆两侧各有一个带有倾斜袋舌的挖袋，没有胸部口袋。女军官服只有肩章，没有军衔袖条。该款服装颜色及面料同男装，搭配蓝色裙子穿着。此外，女军人还配发一种坎肩，该服装为无袖式，正面由4颗纽扣闭锁，领口为V字形，两侧下摆也呈V字形，肩部佩戴肩章，此款服装搭配衬衫穿着。

礼服

人民海军在取消其立领款式的常服后，将开领款式的常服与礼服合一，不再增设专门的礼服。

社交服（Gesellschaftsuniform）

在70年代人民海军开始为军官们配发社交服，这款制服三军款式一致，海军款社交服由奶白色马裤呢制成，内衬为绸料。正面有4颗纽扣，其中最上排2颗及下排右侧为装饰扣，由下排左侧1颗及左衽内部的1颗纽扣实施闭锁，纽扣中心为船锚图案，表面镀黄铜。下摆两侧各带有一个有平直型袋舌的挖袋。肩部有肩章，与常服不同的是，两袖袖口的军衔袖条为半圈式，袖口各带有3颗纽扣。

▲ 阅兵式礼服配置的人民海军大尉社交服

世界经典制服徽章艺术

▲ 人民海军少校社交服

▲ 人民海军白色水兵服

水兵服（Borduniform）

　　世界上各国海军服饰虽各有不同，但其样式大致相近，形成了一种"国际流行范例"。特别是水兵服已基本形成国际惯用的样式，人民海军水兵服也是如此。该上衣为套头式，蓝色披肩为可拆卸式，披肩上有三道白线。该上衣通常按季节分为白、蓝两色。白色水兵服由斜纹棉布制成，袖口有蓝色束袖，

▲ 1986年纪念1813民族解放战争175周年活动中大街上菩提树下的人民海军水兵方队

▲ 人民海军蓝色水兵服

226　Militaria Collection Publication

心向大海：民主德国人民海军制服徽章鉴赏

▲ 人民海军白色水兵服，请注意水兵领结

▲ 身着蓝色水兵服的一名人民海军水兵

束袖为尖头式，有上面二道下面一道共三道白线并由一颗金色纽扣固定；蓝色水兵服则由粗呢制成，袖口束袖没有白线。夏季款水兵服由纯棉布制成，左胸带有一个无盖胸袋。

▲ 阅兵式上身着白色水兵服的人民海军水兵方队

227

背景阅读

世界各国水兵服款式接近的这种国际范例是由多年的海上生活实践而来的。水兵经常在狭窄的舱室里进进出出，对服装要求利索方便，所以上衣一般都是套头式。套头式上衣扎进裤腰里，为的是避免上下舷梯、进出舱口时挂住衣服。在海洋中航行难免有人呕吐，为了避免衣领刺激咽喉，减少呕吐，水兵服的上衣都是无领式的。裤子侧开口，是帆船时代为了爬桅杆时方便。裤口肥大主要考虑有三，一是可罩住靴子，防止水花溅入；二是冲洗甲板时便于挽起；三是下海救生时脱褪迅速，脱下的裤子扎紧裤口，充以空气即是应急浮游气袋。上衣的披肩，过去是用来做"垫肩"使用的，现在已无使用价值。关于披肩的来历，有说法是：古代男子流行蓄长发，而水手们为了适应海上生活，喜欢将长发梳成辫子。谁知油光的辫梢常常弄脏水手的服装，于是，他们便在自己的肩上披一块方巾来保洁，随着时间的流逝，人们都不留长发了，但肩上的方巾却保留了下来，经过演变，变成了现在的样子。

▲ 人民海军外穿夹克式军官衬衫

衬衫

人民海军军官和士官与陆军一样配发有白色和灰色衬衫，均为棉布制成。衬衫分为两种款式，一种为内穿式，另一种为外穿式夹克衬衫。内穿式衬衫为普通衬衫款式，但其衣领领尖与普通衬衣相较更为宽大，没有胸袋，白色衬衫为礼服状态下使用，灰色衬衫为常服状态下使用；外穿夹克式衬衫为夏季使用，该款衬衫配有肩章，早期有两个带有由1颗纽扣闭锁的平直袋舌的有褶胸袋，后期则改为由2颗纽扣闭锁的平直袋舌的有褶胸袋，下摆由两侧的松紧带调节大小。早期正面由5颗金色海军纽扣闭锁，后改为6颗。下摆由2颗小扣闭锁。这两种衬衫均搭配黑色领带。

风衣

海军风衣配发军官和将军，供他们在秋季时穿着。风衣由内部有防水涂层的深蓝色化纤面料制成，可轻度防雨。风衣采用暗扣设计，共由3颗扣子闭锁。袖口处有一条订有3个刻度孔的布条用于调节袖口大小，腰部有一条订有4个刻度孔的布质腰带。袖口布条和腰带均由金属框式扣固定，风衣的金属框式扣和扣眼包边均为金色。

▲ 人民海军外穿夹克式一级准尉衬衫

心向大海：民主德国人民海军制服徽章鉴赏

▲ 身着外穿夹克式衬衫的一群人民海军军官

大衣

东德海军大衣与陆军一样沿用传统大衣样式，供冬季罩在常服、礼服外面穿着。将官大衣领均没有领章。大衣款式发展共有两个时期，第一个时期是1956年至70年代，这个时期的海军军官大衣由深蓝色马裤呢制成，大衣正面垂直设有5对纽扣，大衣腰部左右两侧各有一个带平直袋舌的挖袋，上衣后摆开衩，并由2颗纽扣闭锁。大衣袖子有法式回翻袖口。第二个时期是70年代至1990年。这个时期的陆军军官大衣与上一时期的区别就是大衣正面垂直设有的5对纽扣改为4对，取消法式回翻袖口。女款大衣为右衽式，大衣正面垂直设有3对纽扣，大衣腰部左右两侧各有一个带倾斜袋舌的挖袋。

▲ 人民海军二等水兵短大衣

水兵短大衣

东德水兵在冬季配发有短大衣，短大衣由深蓝色粗呢制成，大衣衣领带有蓝色方块领章，士官短大衣衣领在蓝色领章外饰有一圈黄色饰条。大衣正面垂直设有5对纽扣，腰部左右两侧各有一个带平直袋舌的挖袋，大衣后摆不开衩。

▲ 人民海军水兵短大衣

▲ 人民海军制式大衣

长裤

与陆军和空军不同的是，人民海军官兵均不配发马裤，而是统一穿着直筒裤。将军直筒裤两侧边没有血线，军官裤在正面开口，水兵们的裤子在侧面开口，另外在夏季配发有白色棉布长裤以搭配夏季薄款水兵服穿着。初期海军裤很肥大，后期改为修身款式。

▶ 人民海军制式长裤

▲ 人民海军下士短大衣

▲ 人民海军工作服

▲ 人民海军野外工作服

心向大海：民主德国人民海军制服徽章鉴赏

海魂衫

人民海军水兵与华约各国海军水兵一样在水兵服、短大衣内穿着带有蓝白相间条纹的海魂衫，这款制服由棉布制成，领口为圆形，但与其他各国不同的是，人民海军海魂衫右肩带有一颗黑色纽扣，而且颜色只有蓝白相间条纹。

背景阅读

海魂衫的雏形最早可追溯到法国西北方的布列塔尼地区，该地区的水手们从19世纪20年代就开始穿着蓝白相间的条纹衫，海魂衫的英文名便叫"Breton Top"。最初的海魂衫是由质地细密的棉布织成，为出海的水手起到防风防晒的作用。它的最大实用功能是当有人不小心从甲板掉入海中，可以被快速发现。

1858年，法国海军将这款棉布衫定为海军制服的一种，后逐渐风靡全世界。海军士兵所穿的海魂衫，一般认为它的诞生与海洋有关，但实际上两者没有任何关系。

英国国王乔治二世到当时专为英国贵族骑马休闲的海德公园散步。国王看到贝尔福特公爵夫人身穿女子常穿的蓝色衣服，扎白色腰带，骑着一匹白马在急驰，衣服随风飘逸，颜色十分和谐、典雅、别致，国王满心喜欢。

英国海军舰队在英军中的地位举足轻重，国王十分器重。他回到皇宫，立即召见海军官员，要求他们革新海军制服，就像贝尔福特公爵夫人那样，蓝白结合。国王的意志就是法令，同时，这也迎合了海军官兵不满意现用军服期望改革的愿望。

在此之前，英国海军制服和颜色极不协调。海军军官的上衣为绿色或灰色，下身为白色或红色的裤子；水兵则穿步兵上衣，裤子的式样亦杂七杂八。

英国这种蓝白相间的海军制服在各国海军中迅速传开。到19世纪，许多国家的商业船员也纷纷加以效仿。根据国王命令而诞生的蓝白相间的水兵服——海魂衫一直保持到今天。

军衔徽章

人民海军军衔一览表

德文名称	中文名称	肩章	袖条
Matrose	水兵		—
Obermatrose	二等水兵		—
Stabsmatrose	一等水兵		—
Maat	下士		—
Obermaat	中士		—

德文名称	中文名称	肩章	袖条
Meister	上士		-
Obermeister	军士长		-
Stabsobermeister	参谋军士		-
Fähnrich	一级准尉		
Oberfähnrich	二级准尉		
Stabsfähnrich	三级准尉		
Stabsoberfähnrich	四级准尉		
Unterleutnant	少尉		
Leutnant	中尉		
Oberleutnant	上尉		
Kapitänleutnant	大尉		
Korvettenkapitän	少校		
Fregattenkapitän	中校		

心向大海：民主德国人民海军制服徽章鉴赏

德文名称	中文名称	肩章	袖条
Kapitän zur See	上校		
Konteradmiral	少将		
Vizeadmiral	中将		
Admiral	上将		
Flottenadmiral	大将		

领章

东德海军在水兵短大衣上保留了领章。这款领章形状为平行四边形，由浅蓝色绒面布料包裹硬质纸板制成。领章仅在冬季在短大衣上使用。

从1956年下半年起，东德海军少将以上各级将官在常/礼服和社交服衣领上增设专用领花（Kragenstickerei），领花为直角形，常/礼服领章由深蓝色马裤呢制成，社交服领章由白色马裤呢制成。上面带有金色橡树枝图案，橡树枝上带有15片橡树叶和2颗橡叶果。

肩章（Schulterstücke）

人民海军沿袭苏联海军在其常/礼服上增设肩章，仍沿用传统式样，士兵肩章为单层结构，军官肩章为双层结构。士兵肩章由深蓝色粗呢制成，边缘有兵种色边线。尉级军官肩章采用两条各宽约8毫米的银色金属丝包芯绳平直编制。尉官肩章长约10厘米，宽约3.5厘米，底板由带各兵种色的棉布包裹硬质纸板制成。校级军官肩章采用两条各宽约8毫米

◀ 士官短大衣上的领章和滚边

▼ 人民海军将官领花实物

的银色金属丝包芯绳缠绕编制。校官肩章长约10厘米，宽约3.8厘米，底板由带各兵种色的绒面布料包裹硬质纸板制成。人民海军军官肩章采用纽扣直接缝在肩膀加肩袢的方式固定在军服上。士官、军乐队及医疗人员在肩章上加装金属符号。肩章按军衔星的数目来区分级别，军官军衔星为金色正方形，士官军衔星为银色正方形，两种星尺寸完全相同，长宽均约为1.3厘米。

▲ 人民海军肩章使用的纽扣

▲ 人民海军少将肩章实物　　▲ 人民海军上校肩章实物　　▲ 人民海军中校肩章实物

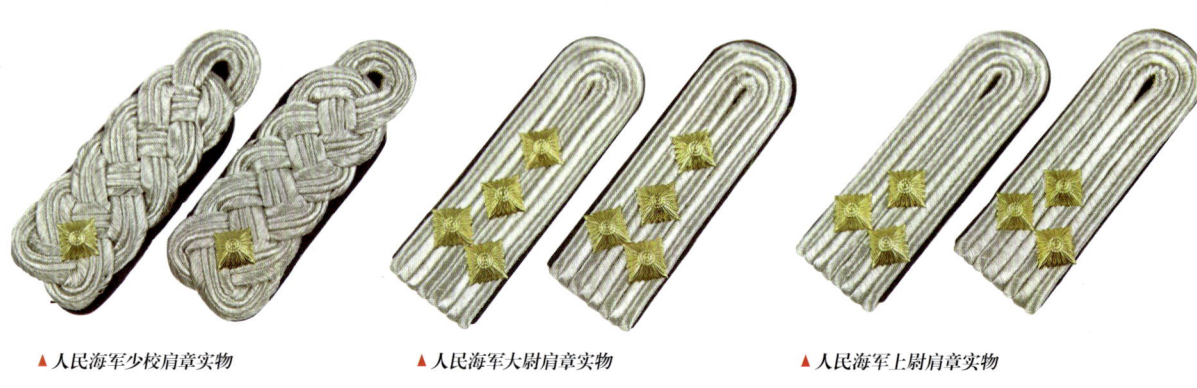

▲ 人民海军少校肩章实物　　▲ 人民海军大尉肩章实物　　▲ 人民海军上尉肩章实物

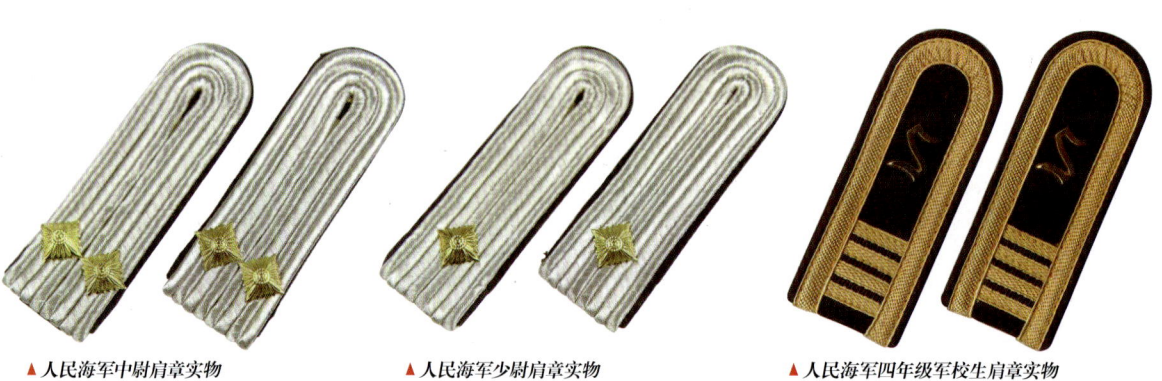

▲ 人民海军中尉肩章实物　　▲ 人民海军少尉肩章实物　　▲ 人民海军四年级军校生肩章实物

心向大海：民主德国人民海军制服徽章鉴赏

▲人民海军三年级军校生肩章实物 　　▲人民海军二年级军校生肩章实物 　　▲人民海军一年级军校生肩章实物

▲人民海军四级准尉肩章实物 　　▲人民海军三级准尉肩章实物 　　▲人民海军二级准尉肩章实物

▲人民海军一级准尉肩章实物 　　▲人民海军参谋军士肩章实物 　　▲人民海军军士长肩章实物

▲人民海军上士肩章实物 　　▲人民海军中士肩章实物 　　▲人民海军下士肩章实物

世界经典制服徽章艺术

▲ 人民海军一等水兵肩章实物

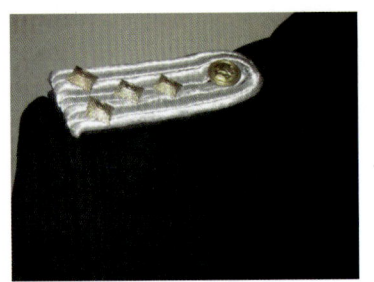

▲ 人民海军二等水兵肩章实物

▲ 人民海军水兵肩章实物

▲ 人民海军中校常服上的肩章特写　　▲ 人民海军大尉常服上的肩章特写　　▲ 人民海军上士常服上的肩章特写

袖条（Ärmelstreifen）

人民海军军官常/礼服军衔袖条沿袭苏联海军为方块式，而社交服的军衔袖条为半圈式。袖条宽度为准尉约0.9厘米、尉官约1.5厘米、上校约5厘米。袖条早期为金色金属丝制成，在70年代材质改为金色尼龙丝。军衔图

▲ 人民海军少尉常礼服袖条实物

▲ 人民海军中尉常礼服袖条实物

▲ 人民海军上尉社交服袖条实物

▲ 人民海军大尉社交服袖条实物

▲ 人民海军大尉常礼服袖条实物

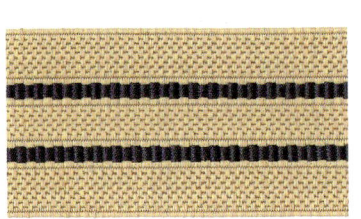

▲ 人民海军少校常礼服袖条实物

▲ 人民海军中校常礼服袖条实物

▲ 人民海军中校社交服袖条实物

心向大海：民主德国人民海军制服徽章鉴赏

▲ 人民海军上校常礼服袖条实物

▲ 人民海军上校社交服袖条实物

▶ 人民海军大尉常服上的袖条和技术岗位袖章

▲ 人民海军大尉社交服上的袖条和技术岗位袖章

▲ 人民海军技术少校社交服上的袖条和技术岗位袖章

▲ 人民海军行政大尉常服上的袖条和技术岗位袖章

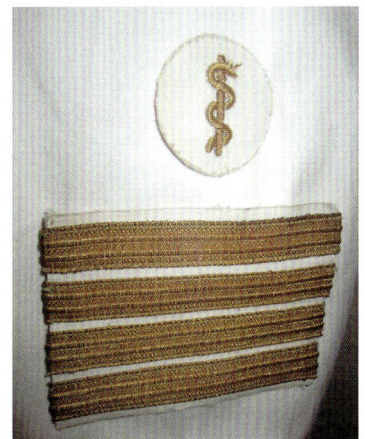

▲ 人民海军军医中校常服上的袖条和技术岗位袖章

▶ 从袖条上可以判断这名人民海军军官是中校

237

案完全照搬苏联海军，社交服军衔袖条中间的接缝为白色，而常服为蓝色。

人民海军三级和四级准尉军衔的军人在常服的双袖佩戴白色袖条。袖条佩戴位置为袖条下端距袖口边缘以上13厘米处。

准尉臂章

准尉军衔配有独有的臂章。海军准尉臂章的形状与陆军一样为顶部是弧线的盾型，由深蓝色布料制成，边缘按臂章形状绣有黄色边线，顶部另有两条与顶部平行的黄色弧形边线，中心绣有红色底东德军徽。臂章佩戴于常/礼服左臂上部，是准尉军衔最显著的服饰特征。佩戴位置为臂章上端距肩膀顶端12~14厘米处。臂章分两个时期：早期按每五年为一个服役期在臂章下端增加一个四角星，最多可加三颗星。后期臂章取消四角星。

配饰

腰带

腰带分为三种。第一种腰带为传统双排扣款式，由棕色牛皮制成，宽约5厘米，带扣为金属框双针式，带扣镀铜。带扣左侧有一个用于固定穿过带扣部分皮带的皮质环，这种腰带用于士官搭配常服和大衣使用。第二种腰带为锦缎制成，背面衬有深蓝色绒布，正面为中间配有深蓝色条纹的银色金属丝编织带，将军的为金色编织带。这种腰带宽约4厘米，并带有相同面料制成的军官佩剑挂环。带扣为挂钩式圆形金属扣，圆形带扣镀铜，正中冲压有东德国徽，这种腰带仅用于搭配礼服。第三种腰带为黑色牛皮制成，宽约4.3厘米，带扣为挂钩式长方形金属扣，带扣正中冲压有东德国徽，这种腰带仅配发水兵用于搭配水兵服使用。

▲ 人民海军准尉臂章实物

▲ 人民海军军官礼服腰带

心向大海：民主德国人民海军制服徽章鉴赏

水兵领结

　　东德水兵在着水兵服时佩戴黑色领结，领结为德国海军传统款式，由黑色棉布制成。领结下方环绕有一条正面带花结的白色线，早期领结为手打，后期改为傻瓜式，领带结固定，两端接一条白色松紧带。水兵在着夏季棉布款水兵服时不戴领结。

饰绪（Schützenschnur）

　　士兵技能饰绪仍沿用第二帝国时期定型的传统式样，由深蓝色尼龙制成，顶端带有镀铜的金属制技能徽章，并按获得次数加挂橡果饰，但最多只可挂4枚。

▲人民海军普通士兵饰绪
◀人民海军水兵领结

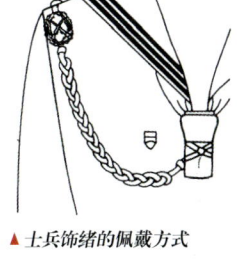

▲士兵饰绪的佩戴方式

▲人民海军舰炮士兵饰绪

▲人民海军配2个橡果的普通士兵饰绪

▲人民海军配1个橡果的舰炮士兵饰绪

▲人民海军配3个橡果的普通士兵饰绪

▲人民海军配2个橡果的舰炮士兵饰绪

▲人民海军配3个橡果的舰炮士兵饰绪

▶人民海军配4个橡果的舰炮士兵饰绪

239

人民海军在70年代末80年代初，礼服饰绪才作为军官服饰的一部分出现。礼服饰绪是军官独有的，士官及准尉不允许佩戴。饰绪也有前后两个时期。前期该饰绪由长短2根编成麻花状的宽约3厘米的银色金属丝包芯绳、4根宽约7毫米的银色金属丝包芯绳和2根挂有尖头金属挂坠的宽约7毫米的银色金属丝包芯绳组成，与陆军军官饰绪不同的是，海军军官饰绪的尖头金属挂坠镀铜。饰绪固定在右侧肩章袢和上衣右侧衣领下暗藏的纽扣上。后期出于节约军费的目的，东德军于80年代末将该饰绪的材质由银色金属丝包芯绳改为银色尼龙包芯绳，款式未做变化。

燕巢

东德海军在早期仍旧保留了传统的军乐队服饰燕巢，直接缝在或用燕巢背面的勾固定在双肩外侧。海军军乐队燕巢由深蓝色月牙形布料制成，上面等距垂直排列有9条黄色布条，底端边缘同样饰有1条黄色布条，这种黄色布条与高级士官衣领的布条一致。此款燕巢在70年代被取消。

▲ 装在保存盒里面的人民海军军官饰绪

▲ 人民海军军乐队燕巢

技术岗位袖章

军官的技术岗位袖章佩戴在常/礼服和社交服军衔袖条之上，常、礼服用袖章由深蓝色马裤呢制成，社交服用袖章由白色马裤呢制成，形状为圆形，上面用黄色棉线刺绣有技术岗位图案。水兵技术岗位章佩戴在其水兵服左臂，士官技术岗位章为金属冲压，佩戴在其肩章上。将军则不佩戴技术岗位袖章，在其军衔袖条之上统一佩戴中间有由橡叶环包裹国徽图案的五星。

▲ 人民海军将官袖章

人民海军技术岗位章一览表

德文名称	中文名称	实物图
技术袖章		
Seemännische Laufbahn	通用	
Technische Laufbahn	技能	
Küstendienst Laufbahn	甲板	
Medizinische Laufbahn	军医	
Verwaltungslaufbahn	行政	
Militäjustizorgane	军法	

德文名称	中文名称	实物图
Musikdienst	军乐	
Fliegerkräfte	航空兵	
岗位袖章		
Navigation	导航	
Elektro-Nautik	电子航海	
Signal	信号	
Artillerie	舰炮	

心向大海：民主德国人民海军制服徽章鉴赏

德文名称	中文名称	实物图
Waffenleit	弹药	
Ari-Elektriker	炮瞄	
Sperr	封锁	
Torpedo	鱼雷	
Funk	无线电	
Fernmelde	通信	

德文名称	中文名称	实物图
Funkmeß	雷达	
Hydroakustik	声纳	
E-Meß	电子设备	
Mot.-Technik	动力	
E-Technik	电子技术	
Turbine	涡轮	

德文名称	中文名称	实物图
Kraftfahrer	驾驶	
Pionier	工兵	
Chemischer Dienst	化学	
Taucher	蛙人	

◀ 水兵服上的技能技术袖章和电子技术岗位袖章

▲ 请注意水兵佩戴有技能技术岗位袖章和动力技术岗位袖章

技术等级胸章（Klassifizierungsabzeichen）

技术等级胸章是人民海军最有特色的一种配饰，佩戴在右胸胸袋上方。配饰一般共分三级，都由金属制成。早期款式（1958~1963年）为橡叶包裹的圆形加尖锐飞翼。圆形内为技能图案，下方用罗马数字表示级别，存在战斗舰艇、通信/声纳、信号、蛙人和特殊蛙人等五种。中期款式（1963~1985年）为倒梯形中间加正方形方框，方框两侧倒梯形内有橡叶图案，方框内有技能图案，背景色为相应兵种色。技能图案上方有罗马数字标示级别，下端有国徽，只存在军官一种。后期款式（1985~1990年）为中间由树叶包裹的椭圆形加两侧飞翼，椭圆形框内有技能图案，背景色为相应兵种色。技能图案上方有圆形国徽，下端有罗马数字标示级别，存在海上人员和技术人员两种。

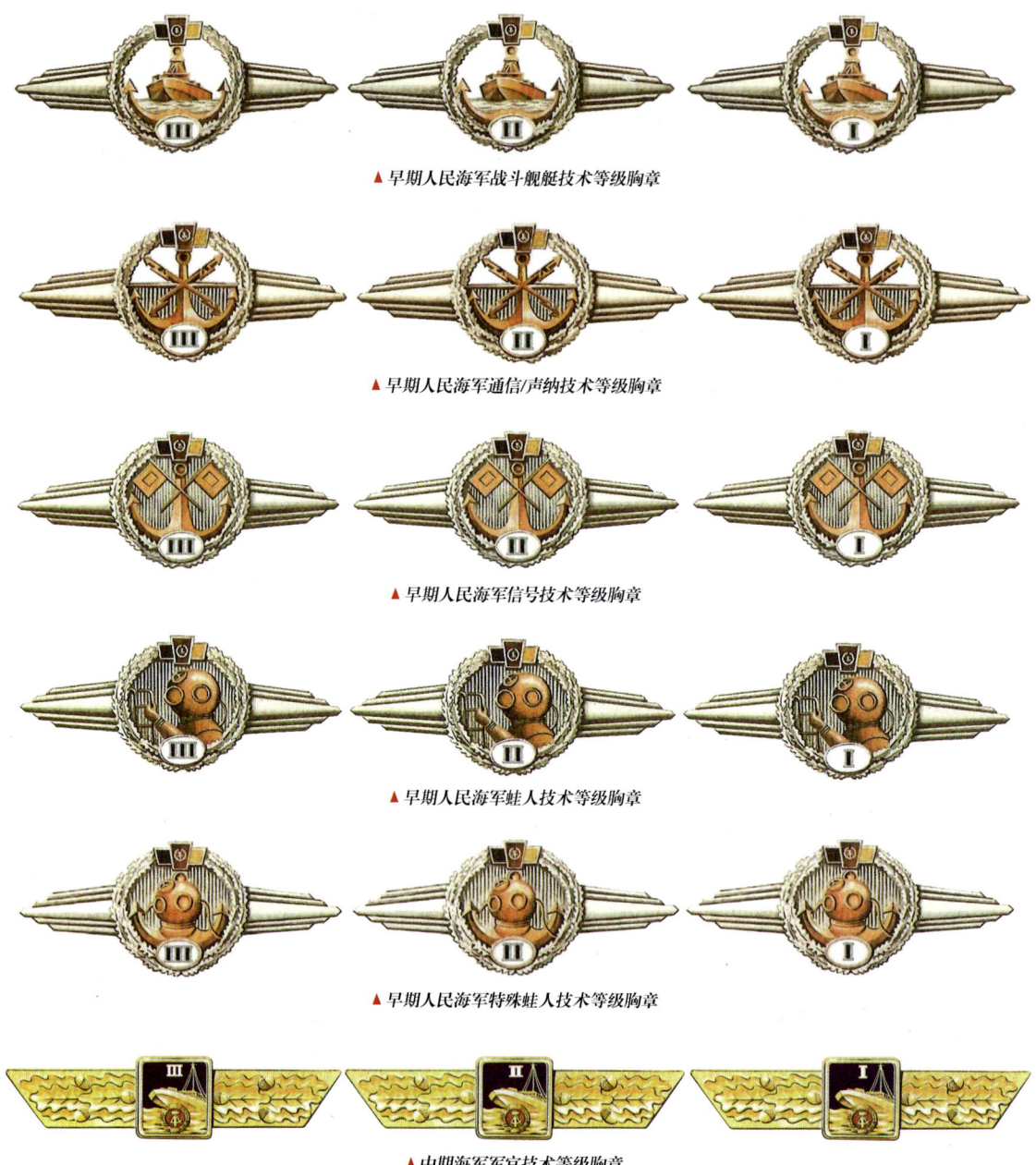

▲ 早期人民海军战斗舰艇技术等级胸章

▲ 早期人民海军通信/声纳技术等级胸章

▲ 早期人民海军信号技术等级胸章

▲ 早期人民海军蛙人技术等级胸章

▲ 早期人民海军特殊蛙人技术等级胸章

▲ 中期海军军官技术等级胸章

心向大海：民主德国人民海军制服徽章鉴赏

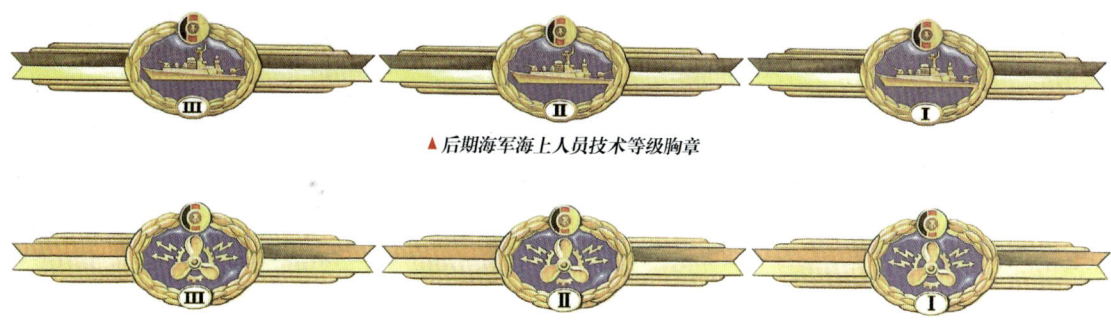

▲ 后期海军海上人员技术等级胸章

▲ 后期海军技术人员技术等级胸章

▲ 人民海军士官/士兵服役年限条实物

士兵/士官服役年限条

人民海军对长期在军队中服役的士兵和士官设立了一款袖条来表明该士兵和士官的军龄。袖章呈V字形，由深蓝色布条制成，士兵义务服役满5年可佩戴1条，职业士兵（通常是士官）服役满10年可带2条。一般也以1条和2条来区分义务兵和志愿兵。袖章佩戴于士兵和士官的制服和大衣右臂袖口。

军官荣誉短佩剑

海军校尉军官短佩剑为表面抛光镀黄铜所以呈金色，所有佩剑按统一规格制造：剑身长252毫米，宽17毫米；剑柄长109毫米，带鞘长度确保391毫米。双刃剑身采用不锈钢制造。剑身一侧用钢印打上序号，另一侧则打上商标。剑柄由白色硬塑料车削成型，以形成象牙般的外观。剑鞘则是由发蓝的薄钢片制作。靠近佩剑者身体一侧的剑鞘预留空白框，用以刻写名字或是题字；外侧有国徽和橡叶装饰。猎刀形制的S形护手两端则是橡树果的造型。

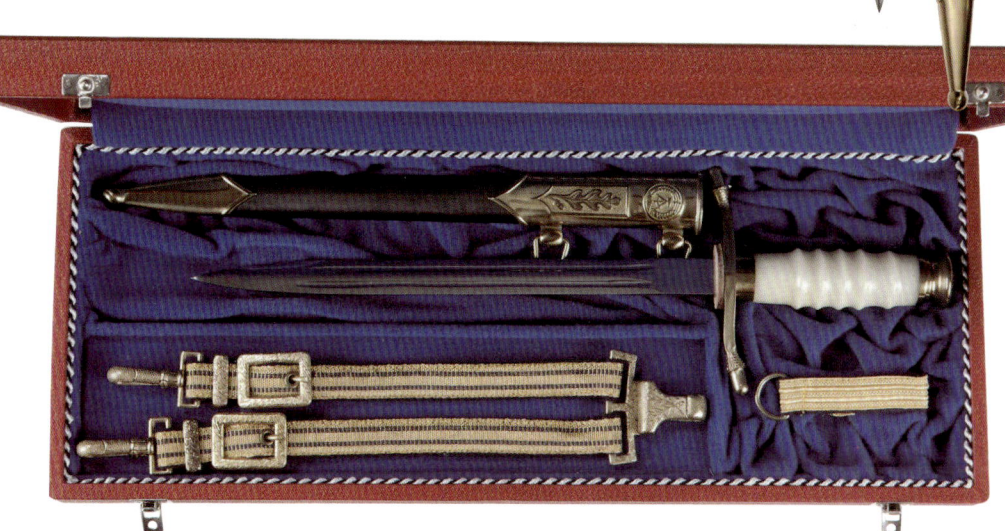

▲ 人民海军将军荣誉佩剑。供图/Hermann Historica

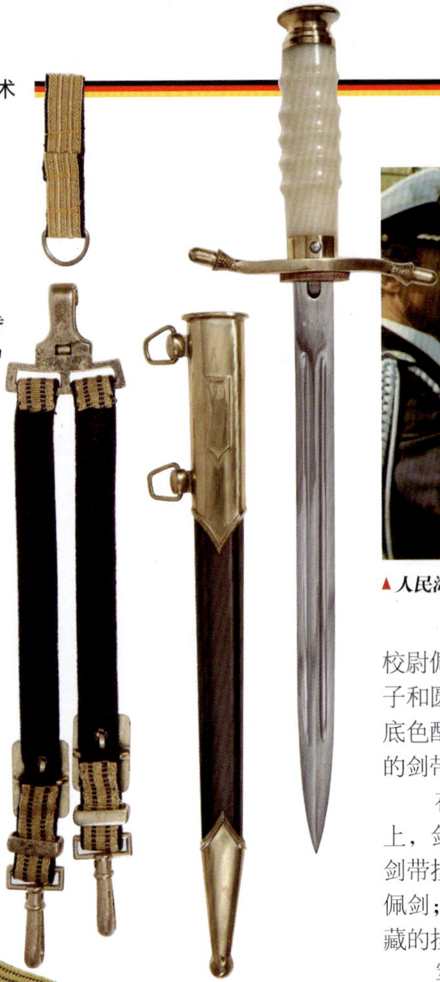

世界经典制服徽章艺术

▶ 人民海军将军荣誉佩剑。供图/Hermann Historica

▲ 人民海军授剑仪式

校尉佩剑的剑柄头为麻面，将军剑的剑柄头饰有由锤子和圆规组成的国徽图案。剑带和悬挂系统是在深蓝底色配金线编织带，海军将军和校尉的区别在于将军的剑带上有两条贯穿的深色条纹。

在接受检阅时，短佩剑悬挂于校阅腰带的搭扣上，剑带完全外露；穿着单排或双排扣礼服的时候，剑带挂钩系在礼服左襟内的挂环上，衣服外面仅见短佩剑；军官穿着大衣时，剑带挂钩系在左侧衣袋内暗藏的挂环上，短佩剑悬挂在衣兜外侧，兜盖下面。

军校生在毕业授衔的时候，军校会搞一个隆重的授剑仪式。各专业的最优秀学员会被授予刻有"国防部长赠"字样的短佩剑。

校尉军官短佩剑的包装为长方形硬纸盒，侧面贴有佩剑编号（此编号与剑身编号一致），里面包括产品合格证，短佩剑、挂带和挂环。

特别徽章

人民海军还存在一些专用用途的徽章，在此仅上图介绍。

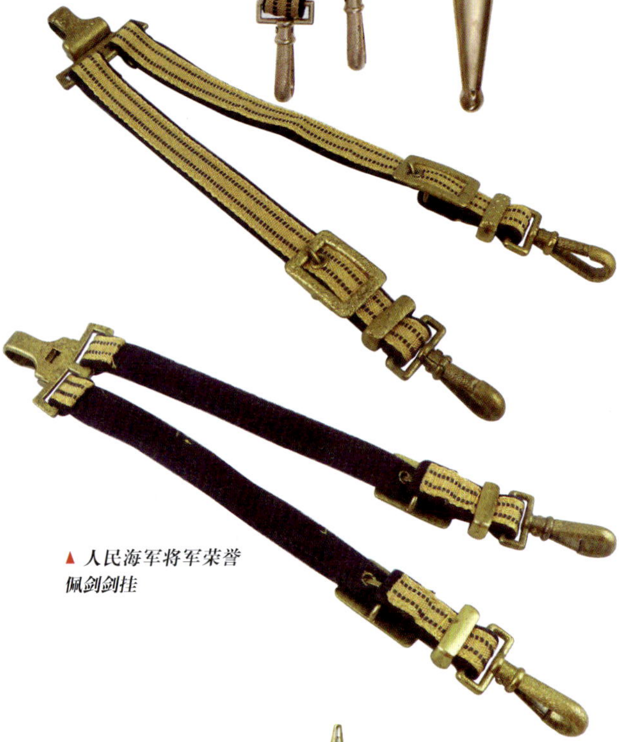

▲ 人民海军将军荣誉佩剑剑挂

▲ 人民海军远洋航行证章

▲ 短暂存在于1990年的人民海军预备役证章

▲ 人民海军舰长证章

心向大海：民主德国人民海军制服徽章鉴赏

服饰搭配

▲ 1956年东德海军士官春秋常服，其为立领款式　▲ 1956年东德海军军官夏季常服　▲ 身着白色水兵服的人民海军水兵　▲ 身着短大衣的人民海军水兵　▲ 身着短大衣的人民海军二等水兵

▲ 身着白色水兵服的人民海军下士　▲ 身着按照阅兵礼服配置的白色水兵服的人民海军下士　▲ 身着短大衣的人民海军下士　▲ 身着蓝色水兵服的人民海军下士　▲ 身着短大衣的人民海军下士

249

世界经典制服徽章艺术

▲ 身着常服的人民海军军士长　　▲ 身着风衣的人民海军二级准尉　　▲ 身着风衣的人民海军中尉　　▲ 身着阅兵礼服的人民海军中尉　　▲ 身着衬衣夹克的人民海军中尉

▲ 身着风衣的人民海军大尉　　▲ 身着社交服的人民海军中校　　▲ 身着阅兵礼服的人民海军中校　　▲ 身着衬衣夹克的人民海军中校　　▲ 身着衬衣夹克的人民海军中校

心向大海：民主德国人民海军制服徽章鉴赏

▲ 身着社交服的人民海军少将

▲ 身着常服的人民海军少将

▲ 身着衬衣夹克的人民海军少将

▲ 身着阅兵礼服的人民海军少将

▲ 身着大衣佩戴冬帽的人民海军中将

− F −

芬兰　　　　　　　　　　法国
Finland/Suomi　　　　　France/Française

万国勋章汇

作者：姚华 / 唐思

芬兰
Finland/Suomi

▲ 一套芬兰阅兵式联排勋章，前面四枚分别是第三版军事类二级自由十字勋章、第三版军事类带橡树叶三级自由十字勋章、第二版军事类四级自由十字勋章和骑士级白玫瑰勋章。供图/DNW

1. 自由十字勋章
Vapaudenristin suurristi/ Order of the Cross of Liberty

设立时间： 1918年3月4日

级别： 大十字级、带星一级、一级、二级、三级、四级

授予标准： 为芬兰的自由独立做出卓越贡献

类别： 分为民事和军事两类：三级以上通过章体与绶带连接部分是否有手持宝剑图案来辨别类别，有此图案的为军事类，无此图案的为民事类；三级和四级通过珐琅颜色辨别，蓝色为民事类，黑色为军事类。

版本： 第一版：背面年份为1918
第二版：背面年份为1939
第三版：背面年份为1941
第四版：背面无文字

配饰： 红十字：授予红十字人员，红十字位于十字中央

橡树叶：战功卓著，橡树叶位于章体上方（仅存在于1941年版）

备注： 绶带黑色为授予遗属。

▲ 佩戴多款芬兰勋章的卡尔·古斯塔夫·曼纳海姆元帅

▲ 原盒第一版民事类一级自由十字勋章。供图/Bene Merenti

▲ 第二版军事类带星一级自由十字勋章。供图/Jani Tiainen

▲ 第二版民事类一级自由十字勋章挂章。供图/Bene Merenti

▲ 第三版军事类一级自由十字勋章挂章。供图/Fritz Rudolf Künker GmbH & Co. KG

▲ 原盒第一版民事类二级自由十字勋章。供图/Bene Merenti

▲ 第一版军事类二级自由十字勋章。供图/eMedals

万国勋章汇（F）

▲ 第二版军事类二级自由十字勋章。供图/Bene Merenti　　　　　　▲ 第三版军事类二级自由十字勋章。供图/eMedals

▲ 第一版军事类三级自由十字勋章。供图/Finncoin

▲第一版民事类三级自由十字勋章。供图/Bene Merenti

▲第二版民事类三级自由十字勋章。供图/Bene Merenti

◀第二版军事类三级自由十字勋章。供图/eMedals

▼第四版军事类三级自由十字勋章。供图/Jani Tiainen

▲第三版军事类三级自由十字勋章。供图/Bene Merenti

万国勋章汇（F）

▲ 第三版军事类带橡树叶三级自由十字勋章。供图/Bene Merenti

▲ 第一版民事类四级自由十字勋章。供图/Bene Merenti

▲ 第二版民事类四级自由十字勋章。供图/Finncoin

▲ 第一版军事类四级自由十字勋章。供图/Bene Merenti

▲ 第三版军事类四级自由十字勋章。供图/Stack's Bowers

▲ 第二版军事类四级自由十字勋章。供图/Hermann Historica

万国勋章汇（F）

▲ 第二版红十字版三级自由十字勋章。供图/Bene Merenti

▲ 第三版军事类带橡树叶四级自由十字勋章。供图/Hermann Historica

▲ 第二版遗属版军事类四级自由十字勋章。供图/eMedals

▲ 第四版军事类四级自由十字勋章。供图/Bene Merenti
▶ 第三版遗属版军事类四级自由十字勋章。供图/Bene Merenti

259

世界经典制服徽章艺术

▲ 第一版红十字版四级自由十字勋章。供图/Bene Merenti

▲ 第二版红十字版四级自由十字勋章。供图/Bene Merenti

▲ 第三版红十字版四级自由十字勋章。供图/Finncoin

万国勋章汇（F）

2.芬兰白玫瑰勋章
Suomen Valkoisen Ruusun suurristi / Order of the White Rose of Finland

设立时间： 1919年1月28日

级别： 指挥官大十字级、指挥官一级、指挥官级、骑士一级和骑士级

授予标准： 在战时表现英勇，为维护芬兰国家安全做出贡献。

▲ 佩戴一级自由十字勋章的德国党卫军大区领袖赫伯特·吉勒

▲ 链授版芬兰白玫瑰勋章。供图/Fritz Rudolf Künker GmbH & Co. KG

◀ 链授版芬兰白玫瑰勋章链章。供图/Fritz Rudolf Künker GmbH & Co. KG

261

▲ 指挥官大十字级芬兰白玫瑰勋章星章。供图/Fritz Rudolf Künker GmbH & Co. KG

◀▲ 指挥官大十字级芬兰白玫瑰勋章。供图/Hermann Historica

▲ 指挥官一级芬兰白玫瑰勋章。供图/Bene Merenti

▲ 骑士一级芬兰白玫瑰勋章。供图/eMedals

▲ 指挥官级芬兰白玫瑰勋章。供图/Fritz Rudolf Künker GmbH & Co. KG

▲ 骑士级芬兰白玫瑰勋章。供图/Stack's Bowers

3.芬兰雄狮勋章
Suomen Leijonan suurristi / Order of the Lion of Finland

设立时间： 1942年9月11日

级别： 指挥官大十字级、指挥官一级、指挥官级、骑士一级和骑士级

授予标准： 在民事和军事方面建立功勋。

▲ 骑士级芬兰雄狮勋章。供图/Liverpool Medals Ltd.

▲ 骑士一级芬兰雄狮勋章。供图/eMedals

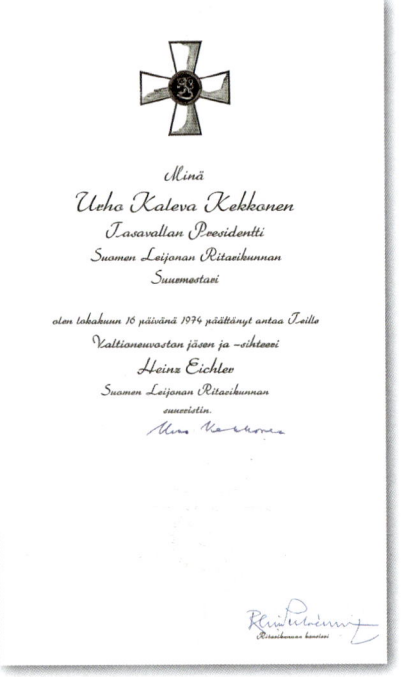

▲ 指挥官大十字级芬兰雄狮勋章证书。供图/Fritz Rudolf Künker GmbH & Co. KG

万国勋章汇（F）

▲ 指挥官一级芬兰雄狮勋章。供图/Bene Merenti

▲ 指挥官级芬兰雄狮勋章。供图/Hermann Historica

法国
France/Française

1. 荣誉军团勋章
Ordre national de la Légion d'honneur / National Order of Legion of Honour

设立时间： 1802年5月19日
级别： 大十字级、大军官级、指挥官级、军官级、骑士级
授予标准： 任何为国家作出杰出功绩的男女公民（包括军人和平民）。
备注： 详细信息参见《号角Ⅱ》：法兰西柱石——法国荣誉军团和荣誉军团勋章全史一文。

▲ 第一版解放勋章。供图/Liverpool Medals Ltd.

2. 解放勋章
L'Ordre de la Libération / Order of Liberation

设立时间： 1940年11月16日
级别： 仅有一个级别，获颁者都将得到"解放者"的头衔。戴高乐作为解放勋章的设立者，得到了特制的领袖级（Grand Maître）解放勋章。
授予标准： 为解放法国与欧洲作出巨大功绩的平民、军人或民间团体。对于个人获得者不限年龄、性别、军衔、出身及国籍，对其作出的功绩也无特别的硬性规定。
颁发情况： 截止1946年1月23日授出最后一枚勋章为止，共计颁发了1061枚解放勋章：其中1038枚颁发给个人，18个来自陆、海、空军的单位获得集体嘉奖，此外还有5个城市获此殊荣，分别是南特（Nantes）、格勒诺布尔（Grenoble）、巴黎（Paris）、瓦西约－昂韦科尔（Vassieux-en-Vercors）和塞纳岛（l'Île de Sein）。
备注： 绶带式样为绿底黑色条纹，黑色代表悲痛，绿色象征希望，这也是1940年法国的真实写照。最初英国式绶带上的两道黑色条纹呈45度平行排列；1942年八九月份开始，采用了垂直排列。

▶ 佩戴解放勋章的一名法国老兵

万国勋章汇（F）

▲ 第二版解放勋章

▲ 法国发行的解放勋章设立20周年纪念封

▲ 法国发行的纪念获得解放勋章的法国城市的邮资封

▶ 佩戴第一版解放勋章的戴高乐

267

世界经典制服徽章艺术

▲ 位于巴黎荣军院附近的解放勋章博物馆

▲ 军官级国家功勋勋章。供图/eMedals

3.国家功勋勋章
Ordre national du Mérite / National Order of Merit

设立时间： 1963年12月3日

级别： 大十字级、大军官级、指挥官级、军官级、骑士级

授予标准： 在军事或民事领域作出卓越成就但未达到获颁荣誉军团勋章的资格。

骑士级：获得者必须年满35周岁，在公共服务岗位已工作至少10年（实际上骑士级的获得者工龄皆不低于15年），且作出杰出贡献（获得者如为现役军官则需要服役至少满15年）；

军官级：已获得骑士级至少满5年（获得者如为现役军官则需要服役至少满7年）；

指挥官级：已被授予军官级至少满5年，

大军官级：已获颁指挥官级至少满3年；

大十字级：已获得大军官级至少满3年。

备注： 设立此勋章目的有两点，一为统一各个部门自行颁发各种勋章的乱象，二是弥补虽然有功但未达到获颁荣誉军团勋章的资格，结果无章可授的尴尬局面。

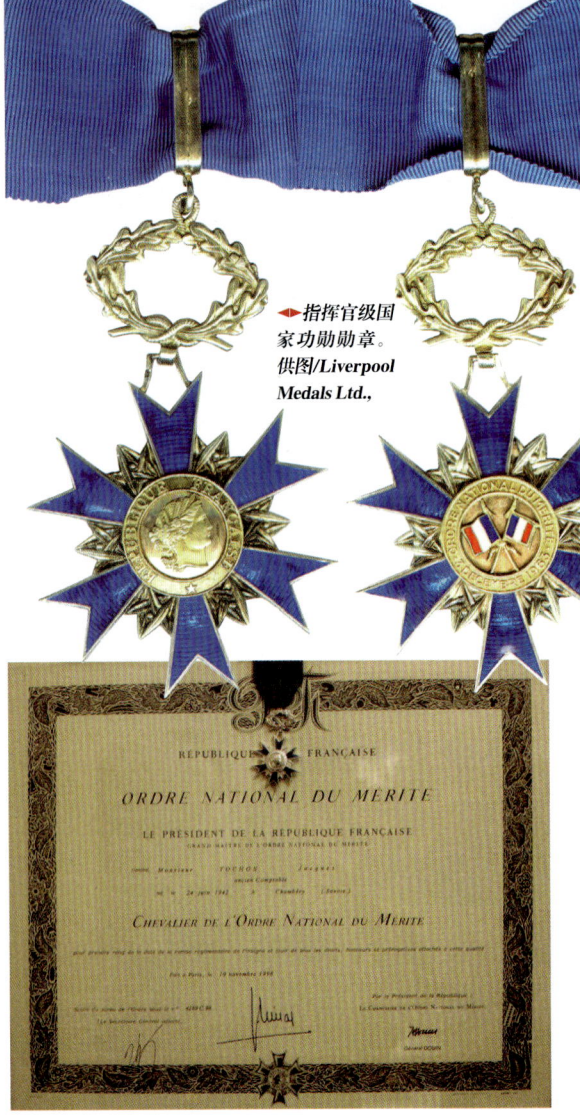
◀ 指挥官级国家功勋勋章。供图/Liverpool Medals Ltd.,

▲ 大十字级国家功勋勋章。供图/eMedals

▲ 骑士级国家功勋勋章及其证书

268 Militaria Collection Publication

▲ 大军官级国家功勋勋章。供图/DNW

▲ 两位刚刚获颁骑士级国家功勋勋章的获得者

▲ 骑士级国家功勋勋章。供图/eMedals

4.棕榈学术勋章
Ordre des Palmes Académiques/
Order of the Academic Palms

设立时间： 1808年3月17日由拿破仑一世设立，当时只是奖章，1955年才被勒内·科蒂总统升格为勋章。

级别： 指挥官级、军官级、骑士级

授予标准： 在学术、文化或教育事业上卓有成就的人员或机构。

版本： 第一版：1808年~1850年
第二版：1850年~1955年
第三版：1955年至今

备注： 早期的棕榈学术奖章仅授予教师和教授。1866年才将颁发范围扩大到任何为国民教育和文化事业作出贡献的本国及外国人。当然也包括在外宣传本国文化思想的法籍人士。按规定，教育部长拥有颁发这种勋章的权力，届时会举行盛大的颁奖仪式。需要注意的是，1月1日举办的那场颁奖仪式是颁发给来自非教育部直接管辖的或私立教育机构的获得者。其他人员将在7月14日，即巴士底日（国庆日）收到自己的勋章。

▲ 军官级棕榈学术勋章

▲ 指挥官级棕榈学术勋章。供图/eMedals

▲ 骑士级棕榈学术勋章。供图/eMedals

◀ 法国发行的关于棕榈学术勋章的邮资封

5. 农业功勋勋章
Ordre national du Mérite Agricole / Order of Agricultural Merit

设立时间： 1883年7月7日
级别： 指挥官级、军官级、骑士级
授予标准： 为国家农艺事业作出贡献。
备注： 迄今为止共发放400余枚指挥官级、5000多枚军官级和超过23000枚骑士级（其中包括仍健在的历任农业部长）。1999年起绶带条纹由暗红色改为橘红色

▲ 指挥官级农业功勋勋章。供图/DNW

▲ 军官级农业功勋勋章。供图/eMedals

▲ 骑士级农业功勋勋章。供图/eMedals

▲ 佩戴指挥官级农业功勋勋章的一名获得者

6.海事功勋勋章
Ordre du Mérite Maritime / Order of Maritime Merit

设立时间： 1930年9月9日
级别： 指挥官级、军官级、骑士级
授予标准： 在海上作业时有卓越表现，范围包括国家商船队海员、文职人员、海上营救人员以及相关的海军军事人员，并以获得者的衔级和岗位的重要性决定所获勋章的等级。

▲ 指挥官级海事功勋勋章。供图/DNW

▲ 军官级海事功勋勋章。供图/DNW

7.社会功勋勋章
Ordre du Mérite Social / Order of Social Merit

设立时间： 1936年10月25日
级别： 指挥官级、军官级、骑士级
授予标准： 在社会服务或公共司法部门建立功绩。
备注： 1964年1月1日起被新设立的国家功勋勋章所取代。

▶ 指挥官级社会功勋勋章。供图/DNW

▲ 骑士级海事功勋勋章。供图/DNW

8. 公共卫生勋章
Ordre de la Santé Publique / Order of Public Health

设立时间： 1938年2月18日
级别： 指挥官级、军官级、骑士级
授予标准： 在公共卫生、社会救助及保护儿童领域作出杰出贡献。
备注： 它的出现替代了设立于1891年的公共援助荣誉奖章（Médailles d'honneur de l'Assistance Publique）和设立于1912年的保护儿童荣誉奖章（Médaille de la Protection de l'enfance）。1964年1月1日起被新设立的国家功勋勋章取代。

▲ 军官级社会功勋勋章。供图/DNW

▲ 军官级公共卫生勋章。供图/DNW

▲ 骑士级社会功勋勋章。供图/Liverpool Medals Ltd.

09. 旅游功勋勋章
Ordre du Mérite Touristique / Order of Merit for Tourism

设立时间： 1949年5月27日
级别： 指挥官级、军官级、骑士级
授予标准： 为法国旅游事业作出杰出贡献。
备注： 1964年1月1日起被新设立的国家功勋勋章取代。

▲ 骑士级商业功勋勋章。供图/eMedals

▲ 军官级手工业功勋勋章。供图/DNW

10.商业功勋勋章
Ordre du Mérite Commercial / Order of Commercial Merit

设立时间： 1939年5月27日
级别： 指挥官级、军官级、骑士级
授予标准： 在国家经济与对外贸易事业上建立卓越功绩。
备注： 1964年1月1日起被新设立的国家功勋勋章取代。

11.手工业功勋勋章
Ordre du Mérite Artisanal / Order of Merit for Crafts

设立时间： 1948年6月11日
级别： 指挥官级、军官级、骑士级
授予标准： 为手工业工会或行业联盟作出突出贡献。
备注： 1964年1月1日起被新设立的国家功勋勋章取代。

12.退役军人功勋勋章
Ordre du Mérite Combattant / Order of Merit for Service to Veterans

设立时间： 1953年9月14日
级别： 指挥官级、军官级、骑士级
授予标准： 服役期间有杰出表现的退伍军人及两次世界大战中阵亡将士。
备注： 1964年1月1日起被新设立的国家功勋勋章取代。

▲ 指挥官级退役军人功勋勋章
供图/eMedals

万国勋章汇（F）

▲ 军官级退役军人功勋勋章。供图/eMedals

▲ 骑士级退役军人功勋勋章。供图/eMedals

▲ 军官级邮政功勋勋章。供图/Bene Merenti

▲ 骑士级邮政功勋勋章

13. 邮政功勋勋章
Ordre du Mérite Postal / Order of Postal Merit

设立时间： 1953年11月14日
级别： 指挥官级、军官级、骑士级
授予标准： 在邮政与电信部门表现优秀。
备注： 1964年1月1日起被新设立的国家功勋勋章取代。

14. 工商业功勋勋章
Ordre du Mérite du Travail / Order of Merit for Commerce & Industry

设立时间： 1957年1月21日
级别： 指挥官级、军官级、骑士级
授予标准： 在工业与商业领域有杰出贡献。
备注： 1964年1月1日起被新设立的国家功勋勋章取代。

15. 体育功勋勋章
Ordre du Mérite Sportif / Order of Sporting Merit

设立时间： 1956年7月6日
级别： 指挥官级、军官级、骑士级
授予标准： 为体育运动与体育教育事业作出贡献。
备注： 1964年1月1日起被新设立的国家功勋勋章取代。

▲ 指挥官级国家经济勋章。供图/DNW

16.国家经济勋章
Ordre de l'Economie Nationale / Order of the National Economy

设立时间： 1954年1月6日
级别： 指挥官级、军官级、骑士级
授予标准： 为法国经济发展作出贡献。
备注： 1964年1月1日起被新设立的国家功勋勋章取代。

17.军事功勋勋章
Ordre du Mérite Militaire / Order of Military Merit

设立时间： 1957年3月22日
级别： 指挥官级、军官级、骑士级
授予标准： 服役于预备役部队并有良好表现。
备注： 1964年1月1日起被新设立的国家功勋勋章取代。

万国勋章汇（F）

▲ 指挥官级军事功勋勋章。供图/Liverpool Medals Ltd.

▲ 军官级文化艺术勋章 　▲ 骑士级文化艺术勋章

▲ 骑士级撒哈拉功勋勋章。供图/DNW

18. 民事功勋勋章
Ordre du Mérite Civil / Order of Civil Merit

设立时间： 1957年5月2日
级别： 指挥官级、军官级、骑士级
授予标准： 供职于国家与地方行政管理部门并有优异的表现。
备注： 1964年1月1日起被新设立的国家功勋勋章取代。

19. 撒哈拉功勋勋章
Ordre du Mérite Saharien / Order of Merit for the Sahara

设立时间： 1958年5月4日
级别： 指挥官级、军官级、骑士级
授予标准： 在撒哈拉地区进行人道主义活动、开展社会服务和科学研究期间有突出表现。
备注： 1964年1月1日起被新设立的国家功勋勋章取代。

20. 文化艺术功勋勋章
Ordre des Arts et Lettres / Order of Arts & Letters

设立时间： 1957年5月2日
级别： 指挥官级、军官级、骑士级
授予标准： 在艺术和文学领域作出杰出贡献。
备注： 我国很多文化艺术届人士获得过该勋章。

（因本卷篇幅原因，有关法兰西王国和帝国时期的勋章将在第六卷中介绍）

277